JN099537

税理士試験 この勉強法がすごい！

税理士有資格者
吉岡のん 著

弁護士・公認会計士
平木太生 監修

中央経済社

は じ め に
～のんが人生を変える勉強法集めてみた～

 みなさん，こんにちは！　税理士有資格者の『のん』と申します。
税理士試験には３年半の勉強で官報合格しました！
自分の勉強ノウハウがちょっとでも役に立てば嬉しいな～と思い，2018年夏頃から「のんびり税務」というYouTubeチャンネルを運営し，税理士や日商簿記受験生向けの動画配信なんかもしています。

　税理士試験に３年半で官報合格，その後は大手税理士法人，日系大手企業でお仕事をさせてもらいました。

　この話だけを聞くと，「もともと頭が良かった人だったんでしょ」と思われる方も多いかもしれません。

　しかし私はもともと勉強が大嫌いで大学受験も失敗してしまう落ちこぼれでした。中学高校時代から，勉強もできず引っ込み思案で，本当に毎日何もしていない日々をすごしていました。

　高校３年生になって「自分の人生を変えたい！　何かにチャレンジしたい！」と一念発起し大学受験。

　必死に頑張りましたが結果はついてこず，現役時，浪人時ともに志望大学に不合格。「自分は頑張ってもダメなんだ」とコンプレックスを持ちました。

　大学に入っても先の就活に不安を感じていました。大学受験には失敗したものの何かにチャレンジしたい思いはありました。また学生で時間もあったので，とりあえずなんとなく聞いたことがあって役に立ちそうな日商簿記３級を受験してみることにしました。

大学での専攻は心理社会学だったので，簿記とは無縁で，最初はちんぷんかんぷんでした。けれど，頑張って勉強した結果，なんと「満点合格」。努力が報われた！　簿記がなんだかとっても面白く感じました。すっかりハマって大学3年次から税理士試験の勉強を始めました。

とはいえ税理士試験は難関資格。どういう勉強をすればいいのかわからず試行錯誤しました。

その試行錯誤の経験をみんなに伝えたい，また，税理士という資格の魅力を伝えたいというキモチからYouTubeチャンネルを始めたのですが……。このチャンネルを通し，多くの税理士さんに出会い勉強法について聞いてわかったことがあります。

短期合格者は，早期に自分に合った「勉強法」を見つけ，それを信じて突き進んでいるんだなと。「頭が悪いから」とか，それは勉強をしない言い訳でしかないんだなと。

本書では，私自身の勉強法にプラスして，YouTubeチャンネルを通して知った勉強法，友人や勉強仲間から教えてもらった勉強法をセレクトして掲載しました。また，『公認会計士jijiたんが予備試験ルートで司法試験に合格したブログ』著者の，jijiたんこと平木太生先生に勉強法について「jijiポイント」としてコメントをもらっています。ぜひ，しっくりする方法を見つけていただければと思います。

本書を通じて1人でも多くの受験生の応援をすることができるならば至極の喜びです！

税理士受験生の応援団長★吉岡 のん

監修者ごあいさつ

こんにちうかるー！　僭越ながら本書の監修を努めさせていただく，弁護士・公認会計士の jiji こと，平木太生と申します。

　私の受験の日々を綴った「公認会計士 jiji たんが司法試験ルートで司法試験に合格したブログ」が多くの反響を得て，中央経済社様から書籍化のお話をいただき，2019年1月に『司法試験・予備試験　この勉強法がすごい！』を上梓しました。おかげさまで沢山の受験生に手にとってもらうことができ，「この本の会計士版が欲しい」「税理士版が欲しい」などのリクエストをいただいたことから，税理士試験にわずか3年半で合格した吉岡のんさんにお声がけし，姉妹書として本書を刊行する運びとなりました。

　のんさんとは，「**さまざまな勉強法を知るべき**」「**自分に合う勉強法を見つけたら信じて突き進むべき**」という点で意気投合しました。

　もちろん，勉強法は1つではありませんから，のんさんと意見が食い違う部分もあります。どちらが正しいというものではありません。そのような相違点を「**jiji ポイント**」としてコメントさせていただきました。

　私は，「**試験に合格するかどうかは勉強方法次第。勉強方法を変えれば人生が変わる**」と考え，弁護士業務のかたわら，勉強法を受験生に伝える活動をしています。私のコメントが，皆さまの勉強法を探すお手伝いになることがあれば，望外の喜びです。

弁護士・公認会計士　**平木太生**

目　次

第 2 章

税理士試験の「それな」
集めてみた ────── 025

第3章

簿・財の勉強法 まとめてみた ——————————————— 055

第6章

受験生の質問
こたえてみた ————————————————— 111

のんの経歴

2011年4月　めちゃくちゃ頑張るものの，大学受験に失敗し，志望大学
　　　　　　ではない大学入学。何かしなくてはとサークル，学生団体
　　　　　　等10個掛け持ち。模索の日々を送る。

2012年3月　「とりあえず資格でも」と思い，日商簿記3級にチャレン
　　　　　　ジ。独学2週間で満点合格を達成し，その気になる。

2012年6月　日商簿記2級も独学2カ月で合格。税理士を目指す決意を
　　　　　　する。

2013年1月　予備校に申込をし，通い始める。

2013年8月　はじめての税理士試験。
　　　　　　簿記論×　財務諸表論○

2014年8月　2回目の税理士試験。
　　　　　　簿記論○　法人税法○

2015年3月　大学卒業。受験専念時代に突入。

2015年8月　3回目の税理士試験。
　　　　　　消費税法×　事業税法○

2015年10月　BIG4系税理士法人に就職。

2016年8月　4回目の税理士試験。
　　　　　　官報合格を果たす。消費税法○

2017年9月　憧れだった㈱リクルートに転職。

2018年3月　個人会計事務所に転職。

2018年3月　伊豆大島の観光大使になる。

2018年8月　YouTubeで受験生応援を目的と
　　　　　　したチャンネルを開設。

 わずか3年半で5科目合格は神レベル！

by jiji

序　章

税理士試験の
リアル
書いてみた

税理士試験に学歴は関係ない

01

● 人生リセット　● 学歴と比例しない

税理士試験って，ある意味とても平等な試験。
高校とか，大学の偏差値とはまた別なんです。
だからこそ，現状に不満のある人に，一発逆転の
チャンスがある資格だと思います。

税理士は努力がものを言う最高位の国家資格

　私の YouTube チャンネルでもよく言うのですが，**税理士試験に頭の良さは全く関係ありません**。じゃあ何が合格を左右するのか。それは，**勉強量**と**最後まで諦めない心**です。税理士は，地頭の良し悪し関係なく努力した者が勝てる最も難易度が高い，**最高位の国家資格**なんです。

高卒でも東大卒でも同じ苦労をする

　高卒でも，東大等の旧帝国大を出ているような一般的に頭の良い人達であっても，全員同じ苦労をし，どんなに最短でも合格まで3年，4年はかかる試験です。実際，東大卒だからといって1，2年で合格された方は見たことがなく，みなさん4，5年はかかっていますし，高卒の方でも4，5年で合格している方は多くいます。

　どんな人にもチャンスがある，むしろ自分の学歴であったり，仕事だったりに不満を持っている人こそ**一発逆転のチャンスがある資格**といえます。**みんな同じ所からスタート**ですから（ちなみに，受験資格には条件が

ありますのでここは財務省中 ムペ ジ等でご確認ください。 定の学歴を満たさない場合は，日商簿記1級や全経上級に合格する必要があります）。

大学受験の基礎学力と関係ない

　私自身，大学入学とともに東京に上京し，インカレサークルで東大生や有名大学生と仲良くなる機会がありましたが，正直コンプレックスから抜け出せませんでした。

　ただ，彼らと話して気づいたことがあります。彼らは幼少期から高い教育を受けてきているのです。そして幼稚園や小学校の頃からの努力をしてきている。高校時代の1，2年ちょっと勉強しただけの自分が勝てないのは仕方ないと思いました

　正直，大学入試や就職試験は家庭環境や，受けてきた教育の累積によるところが多いと感じます。

　それに対し，税理士試験は今までの経歴に関係なくみんな**会計知識ゼロからのスタート**なのです。

みんな同じ所からスタートというのは同感です。ただ，正直なところ学歴が高い人が，「勉強方法」を既に心得ているのは間違いありません。スタートは同じですが，常に「東大生と戦っている」というような意識は必要です。

02 予備校受講料等は就職して回収できる
●一発回収　●売り手市場

予備校受講料はそれなりにかかります。
けれど，一般に女子として就職した場合と比較すると，すぐに回収できたかな，と思います。
出産や子育てをしながら女性が働き続けるのにもぴったりの資格です。

　もちろん，難関国家資格なので一定の期間は必要だし，予備校受講料など一定のお金もかかります。だけど，税理士試験は合格したら今までの投資を簡単に回収できてしまう投資だと私は信じています。たとえば私の場合，予備校に100万円程度投資をしましたが，この投資は**就職後1年間で回収**することができました。これは税理士資格を取らず一般事業会社に普通に女子として就職したときの想定される収入と有資格者として税理士業に従事した収入を比較したときそれだけの乖離があったからです。

　また，大学時代はいわゆる一流大学ではなかったため就活にとても不安がありました。友人の話を聞くと，エントリー落ちは当たり前だったようです。

　税理士になったことで就職も転職もすんなりできました。**若い人が少なく，今は売り手市場**です。

女性に限らず，税理士試験などの難易度が高い資格試験は，ある意味とても効率のいい「投資」です。将来の自分に投資しましょう！

税理士試験制度について

　税理士試験は科目合格制の試験です。全部で11科目あり，基本的に5科目合格することによって，官報合格（税理士有資格者）となります。実務経験2年以上で，登録することで税理士になれます。

　試験は，必修科目，選択必修科目，選択科目に分かれています。

　一度合格すると失効しないので，1科目ずつ自分のペースで受けることができます。

必 修 科 目：簿記論，財務諸表論
選択必修科目：法人税法，所得税法
選 択 科 目：相続税法，消費税法または酒税法，国税徴収法，事業税または住民税，固定資産税

※　会計科目は必修で，税法科目は選択制になっています。選択必修科目から最低1科目合格することが必要になります。

　合格基準点は，各科目とも満点の60%。科目合格制なので，1科目ずつクリアしていくことができます。

　ちなみに，受験するためには，国籍や年齢制限はありませんが，一定の資格が必要です。大学を卒業していない場合，日商1級や全経上級に合格することで受験資格が得られます（詳しくは，国税庁ホームページを確認してください）。

　試験は，年1回8月に行われます。年1回しかない試験なので，試験に向けて綿密な勉強計画が必要です。

03 勉強法は合格者からパクるのが◯

● パク勉　● ブログ・YouTube

勉強が得意でない，勉強が嫌いという方こそ，勉強法を人からパクリましょう。
私も，勉強は真面目にやっても成績が伸びないタイプでしたが，パクると全然違いました！

　勉強法は，試行錯誤をしながら見つけていくのも悪くはないですが，**合格者の勉強法をパクる**のが最もコスパがいいです。

　とりあえず気になった方法を試してしっくりくるものを実践するといいと思います。本書にも，私がやった勉強法，合格者に聞いた勉強法をたくさん出させていただきましたが，まずは予備校等で合格体験記を入手されるといいと思います。私も当時 TAC 出版から発売されていた合格体験記集を参考にしていました（今は残念ながら出版されていません）。また，メンタリスト DaiGo さんや弁護士の山口真由さんなどの一般的な勉強法の本も読み込みました。

勉強方法をパクるのは共感です。合格者から色々な勉強法を聞き，試してみて，自分に合う方法をひたすら信じて突き進むのは大事な勉強スタンスです。

第1章

合格者に勉強法聞いてみた

山田直広先生

職業安定所の職業訓練で「簿記」に出会
い，税理士を志す。2012年4月から税理
士事務所に勤務しながら勉強，2012年日
商簿記1級・全経上級合格。
2013年簿○・財○，2014年法人○，2015
年消費○，2016年所得○で見事官報合格。

物流ドライバー・技術系からのチャレンジ

——山田さんは技術系の出身ですが，税理士を目指したきっかけは？

　税理士を志したのは35歳の時です。人生もう一度チャレンジしたくて目
指しました。工業高校から技術系専門学校に進学し，卒業後は運送会社で
物流ドライバー，自動車整備工場と，まさに技術系を歩んできましたが，
キャリアを積んで天井が見えてきたところで。自動車整備工場から営業職
に転職しましたが，転職した会社が潰れて職安で簿記に出会いました。

**——日商簿記から簿財までトントン拍子ですね。簿財の勉強法で重要なこ
とってなんでしょう？**

　日商簿記との切り替えですね。日商簿記2級・3級は「満点」を目指す
テスト。それに対して簿財は「合格点」を目指すテスト。常に取捨選択を
意識する必要があります。合格点を取るにはここに時間をかけてよいの
か，それとも捨てるべきか。そういうことを考えることを答練から訓練し

ました。勉強って，わからないことをわかるようにすることですから，わかっているところを何回もやっても無駄ですよね。自分が間違えたところや覚えにくいところを重点的にフォローするようにしていました。

――その他には？

ケアレスミス対策です。ミスのパターンを徹底的に洗い出しました。自分はこういうミスをしがちなんだっていう気づきを大事にしました。例えば，減価償却の月割り計算なんかはいつもミスしてしまうので，指折りを徹底していました。

税法ワープロ打ち虎の巻作成術

――税法なんかはどうされていましたか。

みなさんそうだと思いますが，マスター（TACの税法をまとめたテキスト）は徹底的に使い込みました。これは普通ですね。

あとは，字が汚いので日々アウトプットをワープロ打ちしてレジュメを作りました。虎の巻です。これだけ見るととても手間がかかるように見えるかもしれませんが，日々の積み重ねなので。マスターの内容なども入れたので，試験本番にはこれだけ持っていきました。これさえ覚えればいいという安心感がありました。

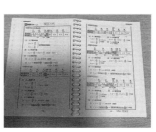

今も大切にしている虎の巻。

ボールペンは組み合わせてカスタマイズ

——他に何か税法で助けてくれるものって？

　税法試験っていっぱい書きますよね。なので筆記具には徹底的にこだわりました。簿財のときから気に入った青系のインクと外側の軸を組み合わせてカスタマイズしていました。試験前には予備も３本買って，どれを使っても良いようになじませていました。簿財のときは結構重量感があるものが良かったのですが，税法になってから軽い，木の軸のものに変えました。

とにかく合格を優先

——仕事をしながら合格されていますが，両立の秘訣は？

　税理士事務所で仕事をしながらすべての科目に合格しました。両立というか，「仕事も合格のため」と割り切りました。クライアントへの説明のため，という体で通達読み込んだり。あとは５月決算，７月決算のクライアントをやんわり断ったり。

常にフルストレスでモチベーション維持

——仕事をしながらどうやって長い間モチベーションを維持しましたか？

　まあ，家族がいて，崖っぷちなので。とにかく自分に余裕を与えないように，いつもストレス100％でパンパンにしていました。合格科目が増えてくるとだらけてくるじゃないですか。だから，３年目には禁煙，４年目にはダイエットと自分にあえて負荷をプラスしました。ジョギングしたり，筋トレしたり，10キロくらい痩せました。

——ストイックですね（笑）。

　そこから筋トレにはまって。今事務所内には福利厚生として（笑）筋トレルームがあります。

自慢の筋トレルーム。

素直に講師に従うべき

——これをやったから合格したって方法ありますか。

　講師の言うことに素直に従うことです。私は35歳と大人でしたが，講師の言うとおりにしたら成績が上がりました。変に抵抗して自分の方法を追究する人もいるけれど，これはプロに従うのが得策かなと。

——これは共感ですね。

最後に

——税理士になって良かったことって？

　道が拓けることですね。可能性がすごくひろがる。今，AIで税理士の仕事がなくなるとか言われたりしているけれど，AIにできるような仕事はやらなくて済んで嬉しいところかなと。税理士の仕事ってそういうことではなくて，もっと経営者に寄り添って右腕になること。クライアントが

今どんな情報が欲しいのか，そういうのを汲み取って提供するのは人間にしかできない。AIは使い倒せばいいんですよね。

　そういう気持ちで独立して3年経ちますが，クライアントに新しいお客さんを紹介してもらって，どんどん増えてきています。創業支援にも力を入れていますが，「出世払いコース」というのがあって，創業期の事業者様にこそしっかりした専門家の支援が必要だと思うのですが，なかなか高い顧問料が払えずにコスト重視で選んでしまうと思うんです。

　そこで私は最低限に設定した顧問料でコスト度外視に精一杯の支援をさせていただいています。正直全く報酬には合わないですが，事業が軌道に乗ってからの出世払いでいただければそれでと思っています。

　なので，お客様の事業が軌道に乗らないと自分も苦しくなるので必然的に真剣にお手伝いさせていただいているんです。

――最後に，受験生にメッセージを。

　税理士試験って大変だけれども，これだけ努力を裏切らない試験ってないと思います。大人になったら努力がそのまま報われるわけじゃないですよね。頑張ったことが報われるってとても幸せなことです。

　職業としての税理士も，とてもやりがいがある仕事です。将来を信じて徹底的に努力をしていただければと思います。

税理士はそれまでの**人生経験がとても活きる資格**だと思います。山田先生は技術系とのことですが，医療系でも，販売系でも，全ては会計・経営・税務に関わります。どんな経歴でも**「今さら遅い」ことはありません**。

こらむ

合格する上で大事な2つのコト

　YouTube の運営や実務を通じていろいろな合格者の方とお会いしていく中で『合格する上で大事なことはこの2つだけ』ということに気が付きました。

　1つは，「自分にあった勉強方法をいち早く見つけるということ」，もう1つは，「その方法が見つかったならば，その方法に沿って徹底的に勉強する」ということです。

　この勉強方法というのは自分自身が勉強していく中で試行錯誤をしながら見つけていくのも悪くはないですが，最短で合格するということを考えるとあまりコスパの良い方法ではありません。最短合格したいならば，すでに合格されている先輩方の勉強方法をパクるのが最も効果的です。

　とはいえ，私自身は受験生のとき，いろいろ迷って，予備校講師や周りの人にアドバイスを沢山もらいました。

　その恩返しをしたくて，2018年夏頃から YouTube で税理士受験生向けの動画配信を始めました。

　まずは，「こんな税理士がいるんだ」「税理士ってどんなことをするのかな？」「税理士の仕事って面白そう」と興味を持ってもらえればと思っています。そして，目指してくれた人の応援が少しでもできたらいいな，と考えています。

YouTube「のんびり税務」でいろんな人に勉強法を聞いたりしています！　勉強に疲れたときなどは参考にしてくださいね！

簿財独学合格者に聞いてみた

● 穴埋め暗記法　● 時間記録法

伊東修平先生

上京して調理師専門学校に。卒業後はフリーランスで楽曲制作を行う。結婚を機にシステム開発会社に入社。その後，商社に勤務しながら2016年官報合格。2017年6月に開業。

エンジニア＋税理士

――もともとエンジニアをされていますが，税理士の道も歩もうとしたきっかけは？

「お客様に役立つ知識を持ちたい」と思ったことがきっかけです。プログラミングができる以外にも，お客様の業務内容も深く理解していたほうが，よりよいものを作れると思うようになったんです。エンジニアとしての付加価値を高めるために税理士を目指しました。

――パラレルキャリアですね。軸はどちらにあるのでしょう？

明確な軸というものはないんですよね。税理士のほかにIT企業を経営していますが，完全に違うことをしているわけではないと思っていて。どちらも「お客様の経営課題を解決する」ことを目標にしているので，その手段が会計かITか，それだけの違いなのかなと考えています。

時間がないから「最低限」を意識

——独学で簿財に合格されたとのことですが，勝因はどこにありますか？

　あれこれ手を広げなかったことですね。本屋で買ったテキストをひたすら繰り返す。簿記論については，勉強の期間が3カ月しかなくって。時間が本当になかったので，明らかにできないことは切り捨てました。簿記論は計算を，財務諸表論は理論を中心にやりました。

　とにかく，「合格ラインに達するために何ができるか」を考えました。簿記論は，すでに合格していた簿記1級のテキストをメインに使い，財務諸表論は，条文の内容すべては覚えられないので，キーワードだけでも押さえるようにしました。「合格に最低限必要な点数は拾える」と信じて，できることだけに集中していました。

穴埋め暗記法

——財表のキーワードって大事ですよね。どうやって覚えたのですか？

　テキストの穴埋め問題を中心にやっていました。最初から重要なキーワードが抜かれているし，それ以外にも自分で重要だと思った部分はマーカーやシートで隠すなどして，暗記するようにしていました。

赤シートや修正テープを活用。

税法の勉強法

——税法はどうされていましたか？

理論は，とにかく書いて覚えました。ボールペンの芯が週に１本なくなっていたと思います。税法も，キーワードを隠して読んで覚えることをやっていました。計算は，基本的な問題を反復して，誰もができる問題は落とさないようにしていました。

——税法は専門学校にも行かれたとのことですが，どう活用していましたか？

専門学校は定期的に模擬試験をやってくれるので，その問題を１日１回は必ず解いていました。たとえば，朝２時間を模試の演習に回し，夜に理論の暗記や計算問題をするといった感じでしたね。徹底的に使い倒したのでコンスタントに良い成績がとれるようになりました。

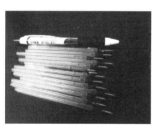

いかに芯がなくなったか。
自分の勉強量がわかります。

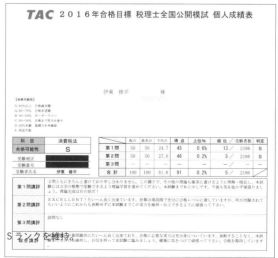

TAC ２０１６年合格目標 税理士全国公開模試 個人成績表

伊東 修平　　　様

【合格可能性】
S：80%以上　合格確実圏
A：60～79%　合格有望圏
B：40～59%　ボーダーライン
C：20～39%　合格まで努力を要す
D：20%未満　基礎力を再確認
E：判定不能

科　目	消費税法
合格可能性	S
受験地区	
受験番号	
受験者氏名	伊東 修平

	配点	最高点	平均点	得点	上位%	順　位／受験者数	判定
第１問	50	50	24.7	45	0.6%	13／2186	S
第２問	50	50	27.0	46	0.2%	5／2186	S
第３問	ー	ー	ー	ー	ー	ー／ー	ー
合　計	100	100	51.8	91	0.2%	5／2186	S

第１問講評	２問ともきちんと書けており申し分ありません。この調子で，その他の理論も確実に書けるように理解・暗記し，本試験には万全の態勢で受験できるよう理論学習を進めてください。本試験まであと少しです。今後も気を抜かず頑張りましょう。理論完成は目の前だ！
第２問講評	ＥＸＣＥＬＬＥＮＴ！たいへん良く出来ています。計算は現段階で十分に合格レベルに達しています。何が出題されてもいいようにこれからも油断せずに本試験までこの実力を維持・向上できるように頑張って下さい。
第３問講評	設問なし
総合講評	理論・計算問題共にたいへん良く出来ており，合格に必要な実力は充分身についています。油断することなく，本試験までこの実力を維持し，自信を持って本試験に臨みましょう。健康に気をつけて頑張って下さい。合格を期待しています

Sランクを維持できています。

環境の最適化

──仕事をし，さらには小さなお子様もいるなかで合格されたとのことですが，どうすればそのようなことが可能なのでしょうか？

　家族からの理解を得られるように，家事のサポートなど，自分から家族が求めることをするようにしていました。仕事については，会社が税理士試験を受けていることに理解を示してくれたので，そこは恵まれていたなと思います。

　また，基本的には1人で勉強していましたが，あるときからSNSで受験仲間を募って，たまに集まって一緒に勉強していました。誰かとやることによって，つらくてもサボれない環境を作れたのがよかったと思います。

時間記録法

──必ず使っていたものってありますか？

　ストップウォッチです。問題を解くのに何分かかったか，常に測って記録していました。「時間」というものが自分の理解度を知るバロメーターになっていたと思います。しかも，時間を記録することはモチベーションの維持にもつながって，「前は○分かかったけど，今日は短くなったな」とか，記録を見返してはニヤニヤしていました（笑）。時間管理のアプリなども活用していました。

あえて「色分けしない」「試験会場で勉強しない」法

——筆記具にこだわりなどはありましたか？

　ジェットストリームを使う…以外には特になかったのですが，ただ試験会場には同じボールペンを２本しか持っていかないようにしていました。たくさんあると落としますし，色分けも試してはみたのですが，ペンを持ち替える時間がもったいないなって。ボールペンの色は，問題文が黒なので，目立つように青にしていました。

——試験のマイルールなどはありますか？

　とにかく緊張するタイプだったので，緊張のせいで腕がつっていましたね（笑）。なので，「試験会場では勉強しない」をマイルールにしていました。焦らずリラックスする時間を設けるようにしていました。

最後に

——税理士になってよかったことって？

　社会的信用があることです。「税理士」と名乗ると，いろんな人が話を聞いてくれる。いくつか肩書きはもっていますが，たとえば公的機関や金融機関に伺うときは「税理士」と名乗るほうがウケがいいような気がします（笑）。

——最後に，受験生にメッセージを。

　１年に１回しかないシビアな試験なので，ぜひ受験仲間をつくってほしいなと思います。試験勉強のなかに小さな喜びを見つけるのもオススメで

す。また，応援してくれる人がいるのは大きいです。受験していることを秘密にしたがる人もいる気がするのですが，オープンにすることで得られる理解もあると思います。長い受験生活だからこそ，ぜひ外に目を向けてください。

　税理士という資格には，無限のひろがりがあります。税理士であることを軸として，今，私はさまざまな事業を手がけています。例えば，私は，母親が子育てをしながら仕事をし，社会とつながりを持ちながら充実した子育て生活を送ることができる社会を創りたいと思っています。そのために新事業「マリモワークス」を立ち上げ，在宅ワークとキャリアアップの支援を行っています。ママ＋リモート＋仕事＝マリモワークス，ですね。

　また，中小企業や起業家が夢をかなえるお手伝いをするためにクラウドファンディング事業「FAAVO東京板橋」を立ち上げました。

　他に，士業の持つ豊富なネットワークを利用し，商品やサービスの販売を行うための販売促進ツール「ソラフネの書」や，学生起業を応援するプロジェクトも進行中です。

　税理士であるからといって，決して税務申告ばかりをしなければならないわけではないのです。経験したことを活かして，起業したり，ベンチャーに参画したり税理士にできることは多いですね。AIで仕事がなくなるとか，いろいろ取り沙汰されますが，ぜひこの資格に希望を持って合格していただければと思います。

伊藤先生の勉強法を見ると，「あえて」いわゆる王道ではないものが多い気がします。伊藤先生に強い信念があるからこそ成しえたと感じました。

03 長くかかった合格者に聞いてみた

● ネバギブ法

小田和正のファン。

コージ先生（仮名）

大学卒業後，信用組合に勤務。専業受験生を経て，会計事務所，メーカー等で働きながら税理士を目指す。
2003年簿○・財○，2007年法人○，2008年消費○，2014年所得○（官報合格）。

勤務先の経営破綻をきっかけに

――税理士を目指したきっかけは？

　当時勤務していた信用組合が経営破綻した際，上場企業などに経理職として復職するには，簿記検定よりもっと高いスキルがないと他の応募者との差別化がはかれない，と考えたのがきっかけです。信用組合を退職後，3年間簿記学校に通い，その後4年間で公益法人や3カ所の会計事務所に勤務しました。現在のメーカーに転職し，官報合格に至るまで，足かけ10年以上かかりました。

――2003年に簿・財同時合格されていますね。

　簿記と財表の計算は，「とにかくリズムに乗ること」。これに尽きると思います。つまるところ，金額さえ合っていれば過程はどうでもいい！　みたいなノリも必要だと思うんです（たとえば，特殊商品売買の問題で原価率がどうしても変な割合になったら，とりあえず78％にして進めちゃう，

とか）。財表の理論は，カチカチに覚えようとしない。理解したことを「端的に表現」できれば，それでいいと思うし，大事なのかなって。だって穴埋め問題が出る可能性も無きにしも非ず，なわけだし……。

――税法で心がけたことはありますか？

あくまで学校の教材をある程度マスターしていることが前提になりますが，国税庁 HP のタックスアンサーなどをよく読むこと，これが大事だと思います。とある試験委員の方が講演で仰っていたのですが，作問する際には過去の試験問題と国税庁 HP を参考にするそうです。「本試験委員の講演」を聴くと，何かヒントになる話がわかるかもしれません。

ネバギブ法

――仕事と試験をどう両立しましたか？

通勤時間に理論を暗記，昼休みに国税庁 HP 等のネットで税務関係の知識を収集，帰宅してからは気力があれば計算を解く。土日は，直前期は模試の自宅受験やその復習，直前期に入るまではテキストを読み，問題を解き，理論を暗記して……。この繰り返しでした。

――長い期間モチベーションを保ち続けるのは大変だったと思います。

私の知人はみんな，それ相応の期間がかかってはいるのですが，合格にたどり着けなかった人はいないんです。だから，「諦めなければ，いつか自分も合格できる」と思い続けることができました。また，税理士試験は最後まで到達してこそ価値があるもの。科目合格のままでは，税理士試験を知る人にしか評価されない，という思いもモチベーションにつながりました。あとは，小田和正さんの歌詞にも元気をもらっていました。オフ

コース時代から，「キラキラ」「Yes-Yes-Yes」など数えきれないです。

——お好きなんですね。

　今では笑い話ですが……。官報合格した年，実は「今年もダメだろうな〜」と思って，試験は1カ月前に迫っているというのに，大好きな小田和正さんのライブチケットを取ったんです。しかも，ライブの日は試験日当日。「試験をさっさと切り上げてライブを楽しもう」くらいに思っていました。けれども，試験会場が生まれ故郷の千葉だったので，「地元に久しぶりに行きたい」という思いが勝り……。ダメ元受験の決意をしたのは試験1週間前になってからでした（笑）。チケットは友人に泣く泣く譲りましたよ。小田さんのライブを断念してまで勝負したということ，思い出の地・千葉が私を官報合格に導いてくれたのだと思います。

——受験年数が長くなった原因は何だと思いますか？

　言い訳かもしれませんが，生活が安定しなかったこと，なかなかラストワンのプレッシャー（この科目に合格したら勉強しなくて済む，みたいな）に打ち勝てなかったこと，何度も不合格となって落ちグセがついていたこと，だと思います。不合格でも仕方ない，という気持ちが心の底のどこかにあったんですね。これを断ち切るのは本当に大変でした。

　専門学校のテストでは上位にいるのに，本番ではなぜかダメなんです。

——どうすれば最短で合格できたと思いますか？

　たらればになりますが，安定した職に就いて収入も安定していれば，もう少し早く合格できたのかな？　とも思います。ずっと精神的に不安定だったんですよね。結局，安定した就職先だと思っていた信用組合の経営破綻に巻き込まれ，収入的な不安がひびいていたのかなと。

会社のなかの税務のプロとして

——コージさんは一般企業で働かれていますが，税理士でよかったことは？

今はメーカーで経理と総務人事の仕事をしているのですが，こうやって一般企業で働くなら税理士の資格を持っている必要って必ずしもあるわけじゃないんですよね。持っていなくても，これらの業務はできますからね。ただ，「税理士試験に合格している」ということで，特に財務・税務については，説得力のある説明を会社上層部の人たちにできますし，一目置いた存在としてみてくれます。

また，法人税や消費税，所得税の知識も業務に十分活かすことができますし，電卓を叩くスピードも普通の人よりは早い，とか試験を通じて得られたものを十分に発揮することはできているかなと思います。

——省力化や AI 化が進むなかで，会社内税理士に求められるスキルは何でしょうか？

分析スキルだと思います。私も上場企業の子会社で働いてはじめて感じたのですが，上場企業の経理マンのほとんどは，税務について相応に高いレベルの知識をもっています。サラリーマンといえど，法人税・住民税・事業税・消費税の申告書を作れちゃう人はたくさんいます。だから，単に「申告書を作れます」みたいな税理士は今後廃れていくと感じています。

だからこそ，会社の決算数値から将来の財務活動を予測して経営に役立てる，そういう分析スキルがますます重要になると思います。

——コージさん自身は，どうやって分析スキルを身につけているのですか？

各上場企業が公表している有報は，すごく勉強になりますね。同業他社

の経営状況とかも，今は四半期ごとに把握することができますしオススメ
です。

最後に

──最後に，受験生にメッセージを。

　私の知人は，諦めなかった人は，それ相応に年数がかかっても5科目合格にたどり着いています。生活環境など，どうしても専門学校への通学を諦めざるをえない状況にいらっしゃる方もおられるかと思いますが，専門学校に通うことだけが合格の秘訣ということではありません。知人には独学で簿記・財表・事業を合格した人がいます。受験していれば，いつかは合格できると思います。ネバーギブアップで頑張ってください！！

　最後になりますが，私は「真摯」という言葉が好きです。漢字を分解すると「真の幸せを丸ごと手に入れる」になるんですよね。何事にも諦めずに真摯に取り組めば，いつかきっと真の幸せを丸ごと手に入れることができる，私はそう信じています。

「諦めなければいつか合格できる」は本当です。私も公認会計士を目指した最初の授業で「絶対に受かる方法がある。それは合格するまでやることだ」と言われたのが脳裏に焼き付いています。屁理屈に思えるかもしれませんが，合格者は全員，諦めなかった人なのです。

第2章

税理士試験の
「それな」
集めてみた

01 独学か予備校か問題

● 情報収集アウトソーシング法

独学で合格できますか？　は1番聞かれます。
私の結論としては，短期合格したいなら，予備校に
金を惜しむべきではないということ！
予備校受講料はちゃっちゃと合格して回収しましょ
う♪

独学で受かるか？

　よく「独学で受かるの？」「予備校はどこがいいの？」という質問を受けます。すでに学習を進められている方の中でも，このまま今の学校で勉強していても受かるのか…と不安になられている方も多いのではないでしょうか。

　結論から言うと，税理士試験に合格したいなら，TACや大原といった**大手予備校**に行くべきです。

　決して安くはありません。順調に受かったとしても60万円程度はかかります。

　「独学でも合格できますか？」という質問は本当によく受けます。しかし実際のところ私が会ったことがある独学科目合格者は14ページの伊東先生くらい（税法では予備校を利用されています）。レアケースですし，**相当な覚悟と努力**があったのではないかと想像します。独学合格は再現性が低く周りに合格者がいたとしてもなかなか真似できないということ，そして少なくとも**短期的に合格したい方には不向き**なのではないかと思います。

026

予備校のメリット

　予備校選びにあたってはTACや大原といった大手予備校を選択することがマストです。

　最大のメリットは**情報収集の委託**ができることです。

　税理士試験の試験範囲は日商検定とは比較にならないほど膨大なので、すべての範囲を合格レベルにして本試験に持って行くことは不可能です。じゃあどうすれば良いかというと、重要性の高い論点や試験に出やすい論点を重点的に勉強し、そうでない論点は浅めにする**強弱**が大事になります。

　また、税理士試験は問題を作成する試験委員が定期的に変わるのですが、試験委員の好みの論点や研究分野を分析することで、今年の本試験に何が出そうか問題予想をすることもある程度は可能です。しかし、受験生が個人でこれをするのはかなり大変です。

　そういった手間のかかることは、お金を払って予備校にお願いするほうがいいのではと思います。

　また、大手予備校は税理士受験生の90%以上を網羅しているといわれますので、仮に未学習論点が本試験に出てしまってもみんなができない埋没論点になります。つまり大手予備校に通っていれば、論点について大きく踏み外すリスクがない、ということです。よく、TACと大原どちらが良いか悩んでいらっしゃる方がいますが、「職場や自宅からの通いやすさ」「学校の雰囲気」で決めてしまって良いと思います。

私も同じことをよく聞かれますが、「大手ならどこでもいい」と答えます。大手の生徒ができないものは誰もできない、という割り切りができるのが大きいです。

02 予備校講師はたぶん神

● 講師神格化法　● 1授業1質問法

合格者の集いでみんな盛り上がった「1番手っ取り早く合格するのは予備校の言うとおりにする説」。これ，ホント共感します。
せっかく予備校にお金を払うならば，信じなければソンしますよ！！

合格者の集まりでの結論

　税理士試験合格セミナーに登壇させていただき，舞台裏で他の合格者の登壇者の方とお話しする機会がたまにあります。

　そこでの結論が「いろいろなものに手を広げる人や勉強方法で悩んでいる人は多いけど**結局予備校のカリキュラム通りに勉強すれば受かる**よね」ということ。みな共感していました。

　嘘のように聞こえるかもしれませんが予備校で教えてもらったことを完璧に押さえれば確実に合格できます。複数の予備校の情報を収集したりしている人は，逆に受からないのが現実です。

　素直な人が勝つ試験なのです。

予備校選び＜講師選び

　なので，自分が信じ切れる**神選び（講師選び）**は本当に重要です。

　人間同士なので好き嫌いがありますし，授業を聞くにも相性というものがあると思います。

ただ，経験上，人気講師の授業は正直「間違いない」です。早く教室に行かないと良い席に座れなかったりすることはありますが……。

質問に行って講師と話そう

高い授業料を払っているのですから「元を取るぞ」というキモチで授業に臨むことが重要です。また，わからないことがあれば質問に行って講師と話してみることもオススメします。

私は受験生時代，1回の授業のたびに1回質問に行くことをルーティンにしていました。これは私がそもそも授業を聞いて自習しただけでは完璧に理解することができなかったというのもありますが，毎回質問に行くことを自分の中でルーティンにすることによって授業を聞いていても，自習をしていても，「自分の理解の抜け漏れはないか」「完璧に理解できているか」といった視点で勉強することができたのでより集中して，きちんと理解して勉強を進めることができました。

また私は毎回質問に行っていましたが，質問をしに行って嫌な顔をされたことは一度もありませんし，税理士講座の講師の方はその科目については本当にプロフェッショナル（税法の科目なんて，もしかしたら現役の会計事務所勤務の税理士よりも詳しいのじゃないかというほど通達等含めよく勉強されています…）なので，そのような先生方から直接指導いただけるのは本当に有用なことなので，利用しない手はないかと思います。

質問内容に限らず，いろいろな相談に乗っていただき，アドバイスを受けたので，今でも恩師として感謝しています。

予備校の先生の知識と試験の研究は尊敬しまくりです！！

本当に予備校の教材だけで合格できるか

　税理士試験の受験生には，予備校のテキスト以外，たとえば通達やタックスアンサーなどにまで手を広げてしまう受験生は結構います。

　その行動自体は悪いことではないのですが重要性の高いものはテキストに掲載されていますし，掲載されていないものであっても，テキストを押さえていたら推測で解答することができるものか，多くの受験生がわからないので合否に影響がないものであることが多いです。

　合格者の集いなどで実感しますが，**短期合格者の多くは予備校の教材一本で勝負して合格**しています。信じ切りましょう。

　ちなみに，よく質問を受ける選択コースですが，私がおすすめするのは「年内完結上級コース（現在の基礎マスター＋上級コース）」。これは年内の４カ月でインプットを一通り完了し，年明けから上級生と混ざって答練を受けていくスタイルのコースです。年内・上級・直前と３回同じことをやるので３回もやればさすがに理解できるかも？　という気になります（実は３回目でようやく理解できた箇所は沢山ありました）。ただ，このコースは授業の速度が早く結構キツイので，ある程度時間を確保できることが必要です。

私も予備校は信じ切るタイプです。ただ，私は「予備校選び＞講師選び」という点で逆です。予備校講師を選ぶときりがないので，**先生というよりテキストを神格化**していました。また，司法試験受験時代はすべてネット受講で通学時間を短縮していました。通学か通信かでここは異なってくるのかもしれませんね。

なぜ私が「税理士」に！？

　私は大学1年生のときに日商簿記3級を受験するに至ります。たかが日商簿記3級と思われるかもしれませんが，その前後で私の見える世界はガラッと変わりとても面白かったのを今でも覚えています。街を歩いていても「決算セール」や「棚卸し」の意味がわかるようになったことで，自分の視野が広がったと感じました。簿記は単に就活や進学に有利ということだけでなく，世界を広げてくれると感動しました。

　そのまま税理士の道に突き進むのですが，なぜ会計士でなく税理士を選んだのか。それは，科目合格制という試験制度がなんとなくローリスクに思えたのと，20代の税理士は0.6%と極めて少数（「税理士実態調査」）という話を聞き，その世界なら周りと差別化できるかも！？　と直感的に思ったためです。

　公認会計士と税理士どちらが受かりやすい？　という質問を受けることがありますが，これは人によると思います。試験制度が違うので，ある程度勉強との相性はあるかもしれませんが，いずれも難関国家資格ですので，簡単に合格できるということはないので覚悟が必要です。

　もともと自分に自信がなく，なんとかして周りと差別化して重宝される人材になりたかった。20代の会計士より20代の税理士のほうが珍しいよね，ということで税理士に決めました。

03 両立か専念か問題

● プレッシャーをモチベーションに変換

こればかりは，置かれた環境によります。
専念が恵まれているかというと，プレッシャーの面
では大変です。プレッシャーをいかにモチベーショ
ンに変換するか，そこがポイントです。

専念するか否か，受験スタイルの問題

　私は大学との両立，受験専念，仕事との両立と3つのスタイルで受験し
ました。勉強をされている方の中には「専念にするか」「就職しようか」
など，どの受験スタイルで勉強をしようか悩んでいる方，多いのではない
でしょうか。

　普通に考えたら受験専念が1番勉強時間を確保できるのでラクに見える
かもしれません。私も専念するまではそう思っていました。しかし，**専念
のときの精神的なプレッシャーは最もつらかった**です。逆に，働きながら
のほうが，理解のある会社だったので気持ち的にはラクでした。

大学との両立

　大学との両立は，忙しさにおいては働きながらの受験と同じくらい大変
でした。始めた頃は「学生だったらかなりアドバンテージじゃん」と思っ
ていたのですが，そんなことはありませんでした。通っている大学にもよ
るのかもしれませんが，出席必須の授業が多かったためです。

せっかく高い授業料を払って大学に通わせてもらっているのに，学問を学ぶ場所なので，好ましいこととは言えないかもしれませんが，大学は学歴を取得するための場所と割り切って単位だけを取りに行きました。税理士試験や会計士試験に在学中合格されている方はこのタイプの方が多い印象です。

　具体的には，前期は極限まで授業を入れず，後期にその分たくさん取ってカバーしました（税理士試験は毎年夏なので前期に授業を入れると直前期とかぶりかなりキツイ）。また，出席がいらずテスト勝負の授業を多く受講し，どうしても出席しないといけない科目は，授業中は内職（理論暗記）もしくは休憩時間と思ってのんびりするようにしました。

　また，簿記系の科目があれば身にもなるし，テストでも高得点が取れるので絶対受講しました。

　こうなると，ほぼ大学に行かないし，行っても授業だけ受けて帰るだけなので，**必然的にキラキラ系キャンパスライフは諦める**ことになります。大学との両立はラクなのかと誤解されがちですが，実際はすごく大変です。

プレッシャーがつらい！　受験専念の乗り切り方

　受験専念は，確かに勉強時間は多く取れますが，プレッシャーは本人が思うよりかかります。強いプレッシャーをバネに勉強を頑張るしかありません。

　私の周りで短期合格した人は，みな覚悟を決めて勉強をしていました。退職して税理士試験の勉強を始めたので貯金を切り崩しながら生活しているのでこの2年で絶対に結果を出したいとか，家族がいるので毎年結果を出して合格しなくてはいけないとか。**プレッシャーをモチベーションにいかに転換するか**がポイントだと思います。

仕事との両立

　私自身は，在職していた会社が万全のサポートをもって税理士試験の受験勉強を応援してくれていたので，大変ありがたかったです。試験前には仕事の割り振りを調整してくれて仕事量をかなり少なくしてくれたり，試験休暇があり有給も含めると7月頭から1カ月程休めたり，定時退社ができる環境だったり，あらゆるサポートをしてもらいました。周りの仕事仲間も受験経験者が多かったので，アドバイスももらいました。

　科目合格者が就活する際は，「試験勉強との両立ができそうかどうか」を1番に考えるべきです。気になった会社を何個かに絞ったら，できるだけ社員の方と多く話す機会を設け会社の雰囲気を肌で感じるといいと思います。

　ただ，いくら周りの協力があったとしても，働きながら合格を勝ち取るのは生半可ではできません。まずは，仕事以外の時間はすべて勉強に捧げ，付き合いなどは極力断る勇気を持ちましょう。

　私も，平日は早めに出社して始業まで1，2時間勉強，ランチタイムも誘いを断り勉強，定時で退社し3，4時間勉強，といった感じで勉強時間を確保しました。

キラキラ系キャンパスライフは諦める！　はとても共感。私も大学3年で会計士試験に合格しましたが，キラキラとはほど遠かったです。そこは割り切りが必要です。合格すればその後はいくらでも「キラキラ」できます。

こらむ

税理士受験生のアルバイト

　税理士試験は長期戦。ずっと専念できる環境にいられる方のほうがレアです。私もアルバイトはしていました。

　忘れてはいけないのは，1にも2にも勉強があってのアルバイトだということ。私がアルバイトをしたなかで，受験生にいいな，と思ったものをご紹介します！

　まず，漫画喫茶，コワーキングスペース，ホテルなどの受付系。拘束時間はそこそこ長いのですが，比較的自由な時間が多いのが特徴です。接客や清掃をこなせば，あとは自由にしていいというお店もあります。私はアルバイトした漫画喫茶では，理論暗記等をしていても大丈夫でした。

　また，税理士試験の予備校の通信講座の答案を採点するような仕事もオススメです。私がやったときは，講座料の減額や模試代の免除など，給与以外のメリットがありましたし，講師と顔見知りになり，気軽に質問に行きやすくなるということも嬉しいです。ただ，本試験が近づくにつれて忙しくなるので受験勉強との両立が大変というデメリットがありました。

　ちなみに，アルバイトではないですが，意外な方法として，YouTuberとしてお金を稼いだ知り合いもいます。

　私のチャンネルにも出てもらった会計士試験合格者の「ドレミ付！一本指ピアノ　byりょん」さん。チャンネル登録者数がなんと17万人（2019年12月時点）というスゴい人ですが，受験時代から動画投稿をしていたそうです。夕食後を「YouTube時間」と区切って投稿していたとか。

　まあ，「りょん」さんは特別な例で，これを収益化するのはなかなか厳しい現実がありますが……。受験生という本分を忘れずに何かしら個性を発揮できる場があるのはいいのかな，と思います。

りょんさんと一緒に。

04 昔から国語が苦手で読解力不足……

● 専門用語の理解積み重ね　● 2回読み法

数学も国語もニガテ……でも,「読解力がないから」という理由で受験を諦めるわけにはいきません！！
読解力のなさは努力でカバーできますよ！

税理士＝数学が得意！？

「税理士の資格を持っています」と言うと, 周りの人から「学生時代はやっぱり数学がお得意だったんですか」と聞かれることがあります。

しかし私は数学が大の苦手です。生物が好きで本当は理系に進みたかったのですが, 数学がさっぱりできなくて諦めました。

数字を使う仕事ではありますが, 税理士試験に数学は関係ありません。もっと言うと, 高校時代までの勉強との関係はあまりありません。

ただ, 問題文を読むという意味での読解力,「国語力」だけは必要かもしれません。

国語が苦手で苦労した

私は, 数学も苦手でしたが, 国語もダメでした。ちゃんと問題を読んで解いているつもりなのに不正解ばかり。現代文読解のテクニックに走りましたがあまり効きませんでした。どうせ急には読解力などつかないと大学受験では諦めていましたが, 税理士試験の法人税法を受験していたときに

必要性を痛感しました。

　法人税の知識が不足している以上に何が問題文で問われているのかがわかりません。何となくここらへんが問われそうだなという当たりを付けるので精一杯でいつも自信が持てませんでした。

　そもそも，税理士試験の問題文は専門用語が多く難解です。科目によっては問題文がＡ４１枚分あったりします。日商簿記検定の問題文でさえ，ちょっとした文章の書かれ方によって仕訳処理を替えなければならず，誤ると全然違う答えになってしまいます。税理士試験はそれ以上です。

一朝一夕に身につけられるものではないが……

　とはいえ，国語が苦手だからといって，合格を諦めるわけにはいきません。読解力は一朝一夕に身につけられるものではありませんが，できることからやりました。

　まずは，会計・税務の専門用語を正確に理解してその語彙を増やすことです。極端な例かもしれませんが，英語の問題を解く時，知っている単語・熟語が増えれば増えるほど文章全体を理解することができます。逆に知らない単語・熟語があると前後や全体の文脈から意味を想像することになりますが，文章全体を理解できるかは怪しいです。そもそもですが，言葉の意味を知らないと文章が読めないし，文章を作ることもできませんよね。なので，**専門用語をきちんと理解すること**も，問題文を読む力をつけるためには役立つのです。

問題文の読み方を工夫する

　また，読み方を工夫することも重要です。税理士試験の問題文を１度で理解することは，私の読解力では厳しかったので，**２回に分けて**読みました。

　１回目は全体の流れや結論をざっくり把握します。たとえば○○会社と

いった登場人物の把握やどんな場面にあるかといったことです。「だれが」「何をして」「どうなったのか」です。

　２回目はじっくりと登場人物や場面を整理し，印をつけたり線を引きながら読み漏れがないようにします。税理士試験は問題文が細かく，それを正確に読まないと処理方法を間違えてしまったり，状況把握を間違えてしまったりするからです。

徹底的に演習する

　読解力を高めたいからといって，小説や新聞をたくさん読んでいても，税理士試験の合格に近づけるはずもありません。最終的には「税理士試験の問題文」が正確に読めればいいのです。とにかく徹底的に問題演習をするしかありません。

　問題演習で「自分の理解があっていたのか」「求められていることを解答できたのか」「自分の言いたいことを伝えることができたのか」を確認します。

　解答要求事項に沿って解答したつもりなのに間違ってしまった場合軌道修正する必要があります。合っていると思っていたのにそれで×がついてしまった，それはなぜか，という追究をし，**軌道修正**をたくさんすることで，問題文を読む力は確実についていきます。

私も同じく，高校の頃は数学も国語もニガテでした。「ニガテでもやるしかない，その方法をどう考えるか」という攻めのスタンスは非常に参考になります。

05　覚えてもスグ忘れる！

●忘却曲線　●スパイラル学習法

ここでご紹介するのが「スパイラル学習法」です。覚えられないのは人間当然のことなので，自分の頭が悪いせいとかにするのは「逃げ」です。記憶のしくみをフル活用しましょう♪

むしろ，頭のせいにしてはいけない

　すでに勉強を始められている方は，よくおわかりだと思いますが，税理士試験は覚えることがいっぱいです。

　私も受験生のとき，「暗記しよう！」と思って頑張って覚えたとしても，自分でも驚くほどすっかり忘れてしまい，「自分はなんて記憶力が悪いんだ…」とよく落ち込んだものです。しかし，法人税を受講したとき，法人税の講師の先生が私の暗記に関するイメージを180度変えるアドバイスをしてくれました。

　「理論は覚えても忘れてしまうことが当たり前」
　「記憶のメカニズムを知り，それを利用して暗記していこう！」

　先生は**忘却曲線**という記憶のメカニズムについてお話ししてくれました。私はそれを意識して勉強するようになってから，**膨大な量の理論暗記を短期間で行えるようになり**，答練でも理論が書けなくて落ち込むことはなくなりました！　また，この方法を継続して実践することによって**忘れ**

ない状態を維持できるようになりました。

有名な忘却曲線

　ご存じの方も多いかもしれませんが，エビングハウスの忘却曲線という
ものがあります。これは，人間の記憶は1日経過しただけで半分以上忘れ
てしまうということを示しています。

　これを見ると，一生懸命暗記してもムダだと言いたいのか，と思われる
かもしれませんが，そうではありません。

　言いたいのは「忘れてしまうのは至って当たり前のこと」ということで
す。暗記しても忘れてしまうのは自分の頭や記憶力が悪いからではないと
いうことです。人間の**脳の構造的に，忘れてしまうようになっている**だけ
なんです。

　そうであれば，むしろ，「自分は頭が悪いから」というのは，覚えられ
ない弁解に過ぎません。

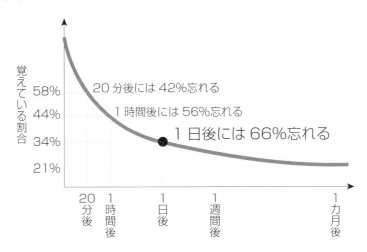

スパイラル勉強法

　実は，忘却曲線のグラフからもう１つわかることがあります。

　それは「１日後に復習すれば，１回目に暗記したときの約66％の労力で再び暗記することができる」ということです。つまり１回目と比べ２回目のほうが44％ラクに暗記できるのです。

　つまり，**一定期間ごとに復習を繰り返し行う**ことによって暗記は定着していき，かつ忘れにくくなります。

　このことを知って，私は定期的な間隔（１日後，３日後，１週間後，１カ月後）で復習をするようになりました。ペースは人によると思うので，あくまで参考です。

　ベースはこんな感じですが，来週のテストでこの理論が出るから１週間で覚えないといけないというようなときは，これを応用して短期的に繰り返しをしていました。

| １日後 | ３日後 | １週間後 | １カ月後 |
| あ，半分以上忘れてる…… | あ，そこそこ覚えてる | あ，前より覚えてる | あ，けっこう覚えてる |

エビングハウスの忘却曲線で人生が変わったのは私も同じ。「人は忘れる生き物であることの認識」「数日の間隔を空けての復習」は記憶定着の公式であるといって過言ではありません。

06 授業中に集中力がもたない

●ポイントすくい取り法 ●復習メイン法

集中力に自信がある人はいいんです。でも，そうでない人が予備校の授業をどうすれば効率的に受けられるか。
時間は有限なのでメリハリを付けた復習をすることが大事です。

集中力ってそんなにもたない

　私は，昔から集中力がないタイプの子供でした。好きなことには没頭できるのですが，それでも長くは続きません。

　本来なら，せっかく予備校の授業に出席するなら，ずっと集中して聴いて，インプットしたいです。しかし，基本的に1コマ3時間です。もちろんトイレ休憩等はありますが，この間集中力を保つのは無理でした。どんなにもっても90分が限界です。

授業では「これだけ」は徹底する

　ずっと集中することは無理だとわかったので，授業の受け方を「これだけできたらOK」という気楽な考え方にシフトしました。

　私が授業で自分に課した唯一のこと，それは**重要ポイントの把握**です。

　授業は3時間も椅子に座るのでできれば出たくないですが，ここはちゃんと出ます。なぜなら授業中に先生が「ここは特に大事」「ここは試験で狙われやすい」など試験上，重要なポイントを話してくれるからです。こ

の情報にお金を払っていると思い出席していました。

復習はしっかりする

　もちろん，テキストも強弱を付けながら書かれていますが，やはりどこが出てもいいように網羅的です。授業の先生の教え方の強弱で，復習の方針を立てるようにしました。

　すべてべったり復習できればいいですが，時間は有限です。なので，**授業でつかんだ重要度に応じて復習**をするようにしました。

　こうすることで，授業をずっと集中して聴いていたわけではありませんが，ミニテスト等も高得点を狙えるようになりました。

プラスして授業中のメモの取り方を工夫してみましょう。私は，普通のメモは青，講師が重要と言ったことのメモは赤，講師の雑談は緑，と色分けしていました。「授業は1度きり」ということを意識してとにかく「記憶や理解のとっかかり」をたくさん残しながら受講すると集中力も高まります。

07 ケアレスミスしがち
● ミスパターン把握法　● 間違いノート作成

ケアレスミスはうっかり者だから仕方ない！？
いいえ，うっかり者だって意識することで減らせま
す。そのために重要なのが「間違いノート」の作成
です。

何度も同じミスをしてしまう

　私はついうっかりミスが多く，悩んでいました。わかっていても，転記
ミスや数字の書き間違いなど，悔しい思いをします。

　そんなとき，「ケアレスミスも実力のうちだから，減らす努力が必要。
間違いノートを作成するといいのでは」と合格者からすすめられました。
それまで，私は面倒だと思い作っていませんでした。

　ここでいう間違いノートとは実力テストや答練でミスしたところを記録
しておくノートのことです。自分のわかっていないところ，苦手なところ
が凝縮されるので，オリジナル参考書になり受験勉強においては宝物で
す。

間違いノートのつくりかた

　実力テストや答練で間違えた度に単純にノートに間違えた箇所を記録し
ていきます。もしいちいち記録するのが面倒という人は答練などのコピー
を切り貼りしても良いと思います。この間違いノートを空き時間に見返し

たり，答練の前に見返したりして活用します。

この作成により，私の答練の成績はとても上がりました。

ケアレスミスのパターンがある

実際に間違いノートを作っていくと，多くの方は失点のうち一定割合がケアレスミスによる失点だと気づくはずです。転記ミスや電卓の打ちミスですね。

もちろん，これをゼロにするのは無理ですが，間違いノートを作成し，**自分のケアレスミスのパターンを知って意識を変える**と，減ることは確かです。

たとえば電卓での計算は合っているのに解答用紙には違う数字を書いているとか，月数按分を忘れちゃうといったパターンに気がつくのです。これを知ることができれば，「じゃあ次から解答用紙に転記するときに2度見してWチェックしよう」といった対策を立てられます。また，試験問題を解いている中で自分のよく間違う論点が出たときに「ここは慎重に解こう」と特に注意深くなれます。特に，答練の前に見返すととても効果的です。

世界に1つだけの参考書

間違いノートは，自信につながります。税理士試験は年に1回しかありませんから，直前期はどんなに合格レベルの人でも不安に駆られます。

よく，「本試験当日に試験会場についてから何を勉強したら良いか」とご質問をいただくことがありますが，極端な緊張状態のときに新しい情報を頭に入れることはおすすめしません。万が一にも自分の知らない情報を見つけてしまったときには，ただでさえ不安な気持ちでいっぱいなのにさらに自信をなくして本試験に臨むことになってしまうので，それは絶対に避けるべきです。

本試験当日は今まで自分が作ってきたオリジナルの参考書である間違いノートを見るだけ，それがベストです。今まで何度も繰り返し見てきたので，見慣れていて安心しますし，これだけ頑張ってきた，問題を解いてきたという自信にもつながります。そして，最後の最後にミスの傾向を再確認できます。

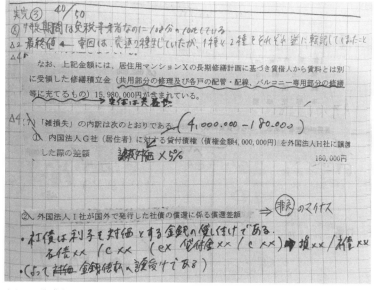

きれいに作成する必要はないし，自分でわかればいいと思います！

ケアレスミスも実力のうち，というのは大賛成です。私はテキストや問題集にミスの内容を書き込むようにしていました。普段の勉強するときから「何を試験会場に持って行くか」という意識を持って，情報の集約先を決めるといいと思います。

本試験当日の持ち物は？

　まずは，何はともあれ受験票です。あとは当然に会場につくまでの交通費
や飲み物，昼食（食べ慣れた物，腐りにくい物）。会場自体は冷房が効いて
いて涼しいと思いますが，そこにつくまでの経路で結構歩くのであれば，熱
中症にならないような対策（日傘とかひえピタとか）をしておくと安心で
す。当日電車が遅れていることも考えて，早めに出るのは当然ですが，何ら
かのトラブルでタクシーを使うケースも考えて，交通費などは多めに持って
いきましょう。

　そして，文房具類。

> ✓セロハンテープ　✓ボールペン　✓蛍光ペン　✓ホチキス
> ✓電卓（できたら2台持っていったほうが安全）　✓修正テープ　等

　セロハンテープは，受験票を机に貼り付けるのに使います。このちょっと
したことで机の下に落ちてしまったり，どこかに飛んでいってしまったりす
るリスクがなくなりますのでおすすめです。
　また，最近の本試験は事前にホチキス止めされていますが，自分仕様にす
るために，ホチキスを使う方は持っていきましょう。
　電卓は，万が一のお守りとして2台持っていきますが，机が狭い場合1台
だけ置けばよいでしょう。1年に1回の試験中に電卓が壊れることはまずな
いとは思いますが，念のため。
　ちなみに，大量の参考書を試験会場に持ってくる大荷物の受験生もいます
が，試験直前は緊張していてなかなか目に入ってきませんし，それほど時間
もありません。むしろ，自分が知らない情報を見てしまったら，「今年はダ
メかも……」とネガティブになりかねません。知識を集約した，見慣れた間
違いノートだけ会場に持っていくのがよいと思います。

08 勉強計画倒れがち

● 逆算計画法　● 計画は腹八分目

合格できるか否かは，年に１回の試験に向けてどう
仕上げていくかによります。
合格からの逆算思考で勉強計画をしっかり立てて実
行していくことが不可欠です。

試験は年に１回しかない

　税理士試験の受験生の中には，何年，何十年もこの試験に苦しめられて
いる主（ぬし）のような人がいます。そういう人に限って「結局合格は運次第だ」
といいます。

　確かに，運の要素はありますが，合格の確率を上げることは可能です。

　すでに合格した先輩にリサーチし，見いだしたのが**勉強計画の立て方，
管理の仕方**が重要だということです。

勉強計画で９割が決まる

　勉強計画をしっかり立てましょうというと当たり前のことですが，実際
にやるのは難しいものです。

　勉強をスタートしたその日から本試験まで，これをしたら合格間違いな
しといった勉強プランを立てます。そしてそれを各シーズン単位，各週単
位にブレークダウンして計画を立てて実行します。

　私の場合，９月開講コースで勉強をスタートしたときは９月の授業が始

まった段階で，翌年の8月の本試験までにこれをやれば絶対に合格できるという学習プランと，そのプランを実現するためには各シーズン（年内，年明け，直前期）で何をやらないといけないのかという逆算をして計画を立てました。そして毎週日曜日に各シーズンのプランをこなすためには今週何をしないといけないのかという勉強計画を週単位に落とし込みました。

　その上で，月曜日はテキスト何ページまでやる，トレーニングはここまでやる，理論暗記は何個覚えるというのを曜日ごとに手帳に書き込みます。翌日曜日には，その計画は達成できたのか？　できなかったのか？というフィードバックを行いました。

達成可能な勉強計画は「腹八分目」

　ポイントは，確実に実行できそうな勉強計画を立てることです。予定の段階だと，あれもこれもやりたいと欲張りな状態になってしまいがちです。しかしどんなに立派な計画を立てても達成できなければ意味がないし，「今週は計画どおりに勉強できなかった」とネガティヴな気持ちになってしまうことは長い試験勉強を続けていく上では避けたいです。本当はこのくらいしたいんだけど…という計画の**8割程度のボリューム**の学習計画を立て，できるだけ確実に達成していくことが自信につながります。

　ただ，学校や仕事が思いがけず忙しかったり，体調を崩してしまったりして予定通りにいかないことは誰しもあることです。その場合は週の途中で軌道修正して達成できる計画に変えましょう。

第三者チェック機能をつける

　もし可能ならば，応援してくれる身近な人と一緒に計画を立てていくのがオススメです。そうすることによって自分1人で計画を立てるよりも「ちゃんと勉強しないと」という緊張感を持てますし，「本当にこれだけで

きるの？？」という第三者目線から意見をしてもらうのもありがたかったです！！

勉強計画をゴールから逆算するのはとても大事です。実は，試験に不合格になる理由は２つしかありません。

①勉強計画が間違っていた（または無計画で勉強した）

②勉強計画は合っていたが，達成できなかった

②は単に勉強時間を費やせばいつか合格できますが，①は見直す必要があります。

モチベーションが下がる

● 朝イチタスク管理法　● 東大生おすすめ　● 学習のビジュアル化

勉強計画は細かく設定し，1日単位で管理することが大切です。前の晩に持ち物を準備する際に計画を落とし込んでおき（88ページ参照），翌朝付箋などに具体化するといいです（80ページ参照）。モチベーションが落ちているときも最低これまで，と考えれば前に進めます。

モチベーション維持が大変

税理士試験はどうしても長期戦です。ストレスをたまに抜く必要があります。ただ，自分に甘くなってはだれてしまいます。なので，遊びたいときは「これが終わってから」と決めたほうがいいと思います。

私自身，一時ポケモンGOにはまり，やりたくて仕方ありませんでした。ダメ，ゼッタイ……と思っていてもついついスマホに手が伸びそうになるヘタレぶりです。

我慢していてもストレスがたまるばかりなので，対策を考えました。

朝一タスク達成法

この方法は「今日はこの勉強をやるぞ！」と朝イチでタスクを挙げて，そのタスクが全部終わったら，時間が早くとも，「今日の勉強はここまで！」と娯楽を始める勉強法です。この方法はどうしてもやりたい娯楽があるときにオススメの方法です。タスクを終えたら1日1時間限定でポケ活ができるというルールを自分に設けることにしました。

この方法のメリットとして，娯楽ができないストレスを解消できるだけでなく，勉強のモチベーションが上がったり，適切な計画を立てるトレーニングになったり，集中力が高まったりしました。

　タスクを決めるには，計画が大事になってきます。なので自分ができる適切な勉強量を意識するようになり，勉強の計画力が上がっていきます。

　そして計画を立てたら，あとは実行あるのみ！　その勉強をいかに効率的に終わらせるかが大切になってきます。終わらないとポケ活はお預けなので，めちゃめちゃがんばります。

　ちなみに，タスクを達成するととても気分が良く，おまけに自己肯定感も高まるという効果もありますよ♪

東大生に教わった Studyplus

　私が受験生のときはなかったのですが……Studyplus という**学習が可視化されるアプリ**があります。東大生が紹介してくれてその存在を知り，おすすめのポイントを聞いたところ，以下のとおりでした。

　まず，勉強を記録することができ，自分の勉強量や勉強のペースを管理することができます。日々の学習状況を記録することによって，週単位，月単位，1日単位で学習記録を確認することができるので，勉強状況が可視化されます。

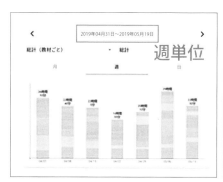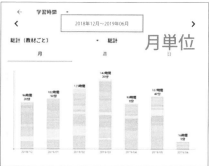

グラフで学習時間が可視化される。

また，勉強状況をフォロワーと共有できます。

Studyplus 内では勉強仲間（フォロワー）を作ることができ，勉強を記録すると，自分のフォロワーのタイムラインに勉強記録が表示されるので，それに対してフォロワーは，インスタや Twitter のような「いいね！」をすることができます。共通の勉強をする勉強仲間を作ることによって，1人で勉強していても，勉強を通じてコミュニケーションを取ることができるのが面白いし，「いいね！」されると勉強のモチベーションが上がり，もっと勉強したくなるしかけです。

私が受験生のときも，勉強時間の管理アプリはありましたが，こういうコミュニケーションがとれるようなものはなかったのでとてもうらやましいです。このしかけは，モチベーション維持に一役買ってくれそうです。ただし，スマホは誘惑がたくさんあるので，そこは注意しましょう。

司法試験予備試験受験時代，私はこまめに Studyplus で勉強記録を付け，情報発信をしていました（スタプラの神と言われるほど……）。スタプラは本当にすごいアプリです。

第3章

簿・財の勉強法
まとめてみた

日商簿記で「簿記勉」のコツをつかむ

● アウトプット主義　● 「わかる＜解ける」法

簿記は「わかる」より「解ける」のほうが大事。とにかくアウトプットをしましょう。
日商簿記で「簿記とはこういうものだ」とわかっておくことで，簿・財の合格も早くなります。

まずは日商簿記からがベスト

　税理士試験までの道のりは長いです。小さなハードルを1つ1つ課すためにも，まずは日商簿記を勉強することをオススメします。

　独学で勉強する際は，実際に書店に行き自分の気に入ったテキストを買いましょう。よく，「どのテキストがいいですか」というご質問をいただきますが，**実際に自分の目で見て好みのものを選ぶのが一番**だと思います。私が実際に使用したのは滝澤ななみ先生の『スッキリわかる日商簿記3級［テキスト＆問題集］（スッキリわかるシリーズ）』というものです。過去問集もなんとなくTAC出版のものを使用していました。

簿記の勉強法をここで習得すべき

　簿記の勉強で大事なのはアウトプット，演習です。

　初学の方にとってはそもそも「簿記」という学問を習得することが大変です。借方，貸方とか減価償却費の存在とか意味不明だと思います。わからない論点や理解できない論点があるとそこで止まりがちですが，ここは

GO！　わからなければいったん飛ばして次に進みましょう。

　簿記については「わかる」より「解ける」のほうが大事です。わかっていても解けないことはあるし，理解してなくても問題が解けるということがあるからです。

　しかもあれだけわからなくて苦労していた論点も解けるようになってからもう一度戻ってみると簡単に理解できてしまうこともあります。

アウトプット主義で！

　とにかく，アウトプットをできるだけ早めに始め，最低でも勉強期間の半分は問題集を解いたり，過去問集を解いたりすべきです。

　たとえば私は3級に2週間で合格しましたが，そのうちの1週間，また2級は2カ月で合格しましたが，そのうちの1カ月はアウトプット中心でした。

　当然インプットがまだまだな状況でしたが，割り切って解いて，わからない論点があった際だけインプット用のテキストに戻るようにしていました。

　このアウトプット中心の勉強は，簿記のキホンで，簿財計算においても変わりません。「簿記とはこういうものだ」という認識を日商簿記でしておくことで，税理士試験でもつまずかないで済むと思います。

日商簿記2級と税理士試験のレベル感

　日商簿記と税理士試験簿財のレベル感についてですが，私も日商簿記2級合格の状態から税理士試験の勉強をスタートし，半年で簿・財とも全国模試でA判定を取れるレベルに持っていきました。しかし当時は大学生でかなり勉強に時間を使えたので，一般的には1年位はかかると思います。

　2級だと簿財を勉強する土台はできているのですが，合格のためには新

しい論点を叩き込んでいく必要性と税理士試験に特化した解き方を学ぶ必要があります。ただ，今現在は日商簿記2級自体の難易度が上がっているのでもう少し短くなる可能性もあります。

日商簿記1級合格者であればもっと短期間でいけるでしょう。私の周りの1級合格者は簿・財（特に簿記論）にストレート合格している率が高いです。

ただ，簿・財には日商1級とは違う解答テクニック（簿記論なら取捨選択など）が必要なので，そういったところを特に勉強していくのが良いと思います。

税理士試験に限らず，どのような試験も「アウトプット主義」は勉強のキホンであり，本質です。

よく，「インプットがまだできていないからアウトプットに進めない」という受験生がいますが，逆です。アウトプットの練習をしなければいつになってもアウトプットはできるようになりません。怖くても，アウトプット中心でいきましょう。

仕訳ロボになる覚悟

●10回解き ●略字

簿記論合格のためには，何も考えなくても反射的に体が勝手に仕訳をどんどん記入する「仕訳ロボ」になることがマスト。
とにかく演習，アウトプットです！

簿記論合格にマストなこと

　簿記論は税理士試験の必須科目の１つですが，苦戦する人は多く，官報合格者の中でも「最後の１科目まで残った」人も珍しくありません。

　合格者の多くが言うことですが，簿記論には合格するコツがあります。

　意外に思われるかもしれませんが，それは「仕訳力」。なんだか日商簿記みたいだし，税理士試験はもっと難しいことをやったほうがいいのでは？　と思うかもしれません。でも，税理士試験だって簿記なのですから，**仕訳にはじまり仕訳に終わる**のです。

勝手に体が動く仕訳ロボ

　簿記論の合格レベルになるということは，**何も考えずとも体が勝手に仕訳をどんどん記入する**いわば**仕訳ロボ**になるということです。

　このレベルに達するためには**とにかく演習，アウトプット**しかありません。

　簿記論は税理士試験の中で最もアウトプットの重要性が高い科目です。

多少内容が理解できていなくても，問題演習をガンガンしてしまって良いと思います。理解はできていないけど問題が解ける状態に持っていき，その後でインプットに戻ったほうが結局理解も早いからです。

同じ問題を繰り返す

　注意してほしいのが，手当たり次第に問題を解けばいいというわけではないことです。予備校に通っているのであれば，その予備校のトレーニングや実力テスト，直前期の答練などをひたすら繰り返せば十分足ります。市販の教材は不要です。

　私自身は，次の授業までの間に最低３回は解くようにしていました。また上級演習や直前期の答練は時期を空けトータルで５〜10回は解き直しました。同じ問題を解くほうが，ロボット状態になる近道ですし，また，予備校などの教材であれば大抵のパターンは網羅されているので心配がありません。とにかく，簿記は頭で考えるよりも慣れることが大事，仕訳ロボ化は合格を勝ち取るための最低限です。

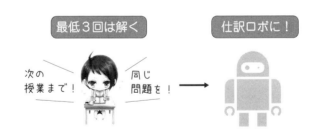

略字のすすめ

　仕訳ロボになるにあたって，毎回画数が多い勘定科目を書くのは大変なので積極的に**略字を使っていく**ことをおすすめします。

　簡単な仕訳であれば自分の頭の中で思い浮かべて処理してもいいです

が，少し複雑そうな問題は空きスペースに仕訳を記入して処理します。

その際に，いちいち「減価償却費××／減価償却累計額××」なんて仕訳をしてたら大変ですよね。

略字は自分がわかれば良いのでまさに暗号みたいです。ちなみに，私が受験生時代に使っていた略字を挙げておきます（もちろん提出用の解答用紙には正式名称で書かないとだめですよ！！）。

現金	→	C（cash の略）
売掛金，買掛金	→	売×，買×
受取手形，支払手形	→	受手，支手
減価償却費，減価償却累計額	→	減費，減累
貸倒引当金繰入額，貸倒引当金，貸倒損失	→	貸繰，貸引，貸損

私も略字はよく使いました。私は減価償却費は Depreciation の頭文字 D，減価償却費累計額は Depreciation Accumulated の DA にしていました。略語は自分さえわかればいいので個性が出て面白いですね。

03 総合問題は個別の集合体

● 個別論点穴つぶし法　● 第三問最重要主義

個別問題と総合問題は別々に対策する必要はありません。まずは個別問題ができない限り総合問題はできるようになりません。個別問題の問題集をゴリゴリ解いて自分のものにしていきましょう！

総合問題をおそれることなかれ！

　簿記論は税理士試験の登竜門です。多くの受験生が1番最初に受ける科目ですから，どう勉強したらいいか悩むかもしれません。

　私も受験初年度は何をすれば合格できるのか？　合格までの距離感がわからず苦労しました。その経験を踏まえて簿記論の勉強の進め方のコツを紹介します。

　簿記論の問題は大問が3つあり，個別問題2題，総合問題1題から構成されます。なので試験対策としては，個別問題対策，総合問題対策と大きく2種類あるかのように感じるかもしれません。

　しかし私は受験生のとき，個別問題と総合問題を別々に対策していくという勉強は一切していませんでした。なぜなら総合問題は分解していくと1つ1つの個別問題で構成されているからです。

　税理士試験に初めてチャレンジする人にとってみたら，総合問題はやらなければいけないことがすごく多いように見えて圧倒されてしまい苦手意識を持ってしまうかもしれません。でも**個別問題が解けるようになれば総合問題も解ける実力はついていきます**。

初学者がまずやるべきこと

　なので，初学者が1番はじめに着手すべきことは，**ニガテな個別論点を1つ1つつぶしていく**ということです。理由は先程お話ししたとおり，個別論点を1つ1つ理解して解ける力をつけていくことが総合問題にも活きてくるからです。

　簿記の勉強を進めていく上で大事なのは，とにかく演習です。テキストを読んでなんとなく理解したら（最悪理解できなくてもOK）トレーニング問題集をゴリゴリ解いて個別論点を自分のものにしていってください。

　個別論点を一巡したら，そのあとはひたすら総合問題をやるだけです。一巡後は総合問題をメインにやっていき，そこでできなかった論点であったり苦手論点であったりを復習し，穴をつぶしていくのが良いです。

　また，簿記論2年目以降の方や日商1級合格者で時間的に余裕がない方は総合問題を中心に進めて，わからない論点だけ個別に戻るというやり方でも良いと思います。実際に私も簿記論2年目の年は答練を受けるのとその見直ししかしていませんでした。授業以外の時間で簿記論の勉強をしたのは直前期まで週2時間程度でした。

　ちなみに，簿記論で最も力を入れなくてはならないのは第3問です。「**第3問を制するものが簿記論を制す**」といっても過言ではありません。第3問で安定して得点することが合格に必要だからです。

　第1問と第2問は大幅に失点せざるをえない年もあります。それに対して第3問は難易度も安定しているので，努力が報われやすいのです。安定して点数が取れるように時間を割くことをオススメします。

 私も会計士試験の勉強で，個別問題がしっかり解けるようになることを重視しました。総合問題は個別問題の寄せ集めなのです。

04 答練は最低でも4回解き

● 同じ問題回転法

税理士試験は単なる知識勝負ではありません。同じ問題を繰り返し解くのは，知識の確認ではなく，解答までのプロセスを身につけるのが目的です。
解き慣れた問題を通して身につけるのが最も効率よいです。

解きっぱなしはダメ

　税理士試験の簿記論や財務諸表論に合格するためには答練や問題集は「繰り返し」が基本です。1回解いた問題は解かない，という人もいますが，それではなかなか実力がつきません。

　つまらないかもしれませんが，ルーティン的に繰り返し，同じような問題が出たら確実に解けるようにする必要があります。

　まず，答練を受けるときは，自分のそれまでの知識を基に初見の問題に対して全力で取り組みます。私はまずは，講師にいわれた上位30%以内の成績を目指して，対策をしてから臨みました。

1回目を受けたら

　簿記論は時間制約が厳しい科目なので，時間内に全部の問題を解くのは難しいです。また難問は捨ててしまったりと，初見では手を付けなかった問題もあると思います。もちろん捨てることも戦略なので，その判断は良いのですが，復習では解けなかった問題を含め全部を見るようにします。

もちろん100％理解して正解できた問題については軽く見直せば十分ですが（時間がないようならスルーでもOK），理解が不十分なまぐれ正解も含めて復習します。

　どうしても理解できないものはテキストに戻ったり先生に質問したりして，全問題を「同じ問題が出たら正解できる」状態にまで見直します。成績については一喜一憂せず，**できないところを1つでも多く潰していく**という作業をします。

1週間後，2回目

　私は，答練は大体1週間後に解き直しをするようにしていました。

　2時間という制限時間は設けて解くのですが，時間内に解ききれなかった場合は時間を伸ばしてでも全問題を解くようにしました。

　また，初見のときは難問かな？　と思い捨ててしまった問題も，解き直しの際は解くようにしていました。なぜなら，1回でも答練に出た問題は多くの受験生が押さえてくるからです。難問であっても解けるようにしておくのがベストです。

1カ月後，3回目

　私は，また1カ月後に3回目を解きました。少し時間をあけると結構忘れていますが，それでも，前回よりスムーズに解答を導けますし，スピードアップして解けました。

区切りの時期に4回目

　私は，年内の答練であれば年明けに移行するお休みの期間，年明け以降の答練であれば直前期に移行するGWのお休みの期間にそれまでの答練の解き直しをまとめて行いました。

もしかしたら，これを読んでいる方の中には「4回はちょっと多いなぁ…」と思われる方もいるかもしれません。しかし**初学で合格レベルに持っていくためにはマストな回数**です。

　上級期や直前期の答練は多いものは7回ほど繰り返し解いていたものもあります。時間がない方であれば，3回目以降の解き直しは「見るだけ確認」でも良いかもしれません。問題用紙を見て頭の中で解答していくというやり方です。時間が圧倒的に削減できる方法です。

同じ問題を解くことに意義がある

　受験生から，「同じ問題を繰り返しやっても問題と解答を覚えてしまうので，いろいろな問題をやったほうが良いのでは？」という質問をいただくことがあります。

　しかし，実際に解いてみればわかると思いますがある程度期間を空けて3回解いたくらいでは完全に覚えているレベルにはならない方がほとんどだと思います。限られた勉強時間の中で実力をつけるには，いろいろな参考書に手を出し中途半端に終えるより，同じ答練をスムーズに解けるようになるまで解き込むほうが，ずっと近道です。解き慣れた問題を通じて解答の導き出すプロセスを確認することで，初見の問題を解く際の対応力も高まるのです。

　もし5回ほどしっかりとした解き直しが終わり，テキストもトレーニング問題も完璧という状態の方がいたら，そのときはじめて他の問題集を買おうかなという検討をしてもよいのでは，と思います。

意外と重要なのが，予備校の答練を回転していることです。予備校の答練は網羅的かつ良問なので，回転すれば回転するほど実力がつくことに会計士受験時代に気がつきました。

こらむ

自己採点の練習のススメ

　たまに本試験の自己採点では受かっているのに実際は落ちていたという話をネットで見かけることがあります。

　先日，短期合格者の集まりでその話題になり，その要因は自己採点の精度があまり高くない，自分の都合のよいように採点しているのでは，という話になりました。

　自己採点の精度が低いということは，自分の答案を客観的に見ることができていない，出題者の意図から外れているのにそれに気がついていないという解答テクニックの欠如の可能性があります。日々の訓練で，精度を高めていきましょう。答練から答案が返却されるまでの1週間程の間に，自己採点をして，返却答案とのギャップを埋めることを繰り返します。

【自己採点の精度を高める方法】
①毎回の答練を本試験のつもりで受ける
②答練後自己採点をする
③返却された答案の点数と自己採点を比較する
④もし点数にギャップがあれば，なぜそこで減点されてしまったのか，自分の解答に何が足りなかったのかを考える。分からない若しくは自分の理解と異なるようであれば先生にとことん質問する。

　自己採点の練習は，出題の意図を見極め，合格答案を作成するテクニックを高めることにつながります。

05 仮計算表は使わない
● 残高試算表書き込み法

いろいろな意見があるかもしれませんが，私は仮計算表を使わず試験問題に書き込む派です。
何よりスピードアップできます。ケアレスミスが多くなるとも言われますが，工夫次第で減らせます。

仮計算表は本当に必要？

賛否両論ありますが，私は仮計算表はいらないと思います。

ご存じの通り，仮計算表とは簿記論，財務諸表論の問題を解く際に試算表の数字を計算用紙という無地の何も書いていない紙にいったん書き込み，それに金額の増減を書き込んで集計を行う方法をいいます。

ケアレスミスをなくすのに効果的といわれますが，私は以下の2つの理由から仮計算表を作ることはおすすめしません。

仮計算表が不要と思う2つの理由

第1に，作成に時間がかかることがあります。

財務諸表論のような解答時間に余裕のある科目ならまだしも（それでも解答の見直しに時間を使ったほうが有用だと思うので推奨しませんが），簿記論のような制限時間との戦いのような科目については1分1秒を何に使うかがとても大事でその使い方が合否に影響を与えます。仮計算表を作ると5～10分かかるので，電卓を叩くのがめちゃめちゃ早かったとしても

そのロスをカバーするのは大変です。10分あれば捨てようと思った問題にチャレンジして得点につなげたり，解答の見直しで得点を拾えたりできるので，もったいないです。

　第2に，仮計算表を作らなくてもケアレスミスを防ぐ方法があります。

　それは問題の「決算整理前残高試算表」の金額の左右に＋100，△20などの金額を直接記入し，最後に集計し，解答用紙に転記するという方法です。これなら圧倒的に時間が節約できます。そして，いくつかのポイントに気をつけることによってケアレスミスを防ぐことも可能です。

残高試算表に書き込むときのポイント

　まずは，**数字は小さく書くこと**です。

　簿記論などの勉強経験者はよくわかっていると思うのですが，簿記論の決算整理前残高試算表の左右の余白は問題にもよりますがそんなに広いわけではありません。

　特に現預金などの増減が多い科目についてはたくさんの増減を書くことになるのでそれなりにスペースが必要になります。1番多いもので10個ほどの増減があると思いますので，それを見越してできるだけ小さく書きましょう。大きさは私の見本（次のページの写真）を参考にしてくださいね。

　次に，**各勘定科目ごとに線を引くこと**です。

　これはポイント1にもつながるのですが，増減が多い科目は余白欄のスペースを侵食してしまって他の勘定科目の増減とごっちゃになってしまう…結構あるのではないでしょうか。

　せっかく計算して正しい増減額を導き出したのに，それを別の勘定科目にプラス・マイナスしてしまったらもったいないですよね！！

　私が受験生のときによくやってしまったミスです…。

　そんなミスをなくすために各勘定科目ごとに余白欄まで線を引くように

しましょう！

　さらに，**解答用紙への転記は丁寧にする**ことです。

　これは仮計算表を使ったとしても同じことが言えるのですが，最後の解答用紙への転記は丁寧に丁寧にするようにしてください！

　貴重な時間を使って正しい数字を導き出したのに最後の転記で間違えてしまうのは残念すぎます。

　ケアレスミスには，①電卓の打ち間違い②記入ミスが考えられますが，最後ほど慎重に丁寧に計算，記入しましょう。私は最後の集計時は電卓は2回打って確認，記入の際も2回確認するようにしていました。2回も確認！？　って思う人もいるかもですが意外に間違っていることってあるんですよね…。特に本試験の緊張状態だと普段しないようなミスをする可能性は充分あるので，普段のテストから注意深く確認するクセをつけるようにしましょう！

仮計算表を使わなくても工夫すればミスを防げますよ！

合格者の下書きは，様々な工夫がなされています。機会があれば見せてもらうとよいでしょう。のんさんの下書きも非常に効率的ですね。

06 素読みのすすめ

● 優先度フローチャート法

> 試験でいきなり電卓を叩きはじめる人……いませんか？
> そんな方は要注意！！　解く前にやるべきは「素読み」。これで合格にグッと近づきますよ。

税理士試験は時間との戦い

　税理士試験は時間との戦いです。なので，試験問題を解く際には，その問題にどれだけ時間をかけて，どれだけのリターン（点数）が得られるか，コスパをチェックしなければなりません。

　キーとなるのは，周りの受験生が解けない**難問，未学習の問題を捨てる**ことができるか，**優先度の高い問題**（絶対落とせない問題）を見つけ，確実に点数を取っていくことができるかです。

素読みでコスパを判断する

　「難しい問題を捨てて簡単なものだけ解けば良いんでしょ，簡単♪」と思われるかもしれませんが，これが意外と難しいです。特に，本試験の緊張状態で行うのは至難の業です。冷静な取捨選択をできるようにするには，**普段から意識的に訓練をしておく必要があります**。

素読みの作法

　合格したいのであれば**最初5分間は素読みに充てるべき**です。素読みとは，試験開始後，ざっと最初から最後まで問題文を読む作業です。この段階では問題を解く必要は全くないので，気になる問題があっても深入りしません。問題全体を俯瞰的に見ることによって，優先度を決め2時間の中での戦い方を考えます。

　第1に，**問題文の分量がいつもの答練より多いのか少ないのか**です。多いのなら時間がより限られる可能性が高いので，優先度をいつも以上につける必要があります。

　第2に，**会社の概要の確認**（会社名，年度，お金の単位，処理方法など）です。素読みの段階で一度チェックして，これらの情報は問題を解く上でとても重要なので，本格的に解くときにもう一度確認！

　第3に，**どのページに何の論点が問われているのか簡単にチェック**します。それは学習したことのある論点か？　今までの答練で見慣れてきた問題か？　というのを判断します。既学習で見慣れた問題なら確実に取りにいきたい。未学習問題ならいったん捨ててもOKです。時間が余ったら未学習の論点や答練で見慣れていない問題であっても，解ける問題かもしれないのでチャレンジしてみましょう。

　次のフローチャートのように，**素読みの手順を意識**し，**普段のテストから実践**すれば，本試験の緊張状態でも冷静な取捨選択ができます。

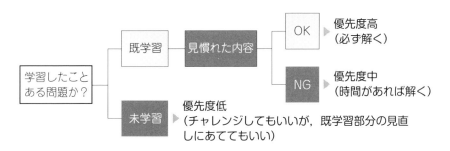

この**フローチャートによる優先順位付け**は，難問や悪問が出た際に特に力を発揮します。難問や悪問が本試験で出題されると，多くの受験生は本来捨てるべき難問や悪問にしがみついて時間を浪費してしまい，取るべき問題を落としてしまいがちです。そのような事態を，普段の練習で避けられるのです。

フローチャートはとても参考になります。どの試験にも必ず予想外の問題は出るので，「予想外の問題が出ることを予想しておく」ことで当日にパニックにならずに済みます。

素読みは税法でも活きる！

　私が法人税を受験した年は，近年の法人税史上最高の難しい計算問題が出題された年でした。

　ここで，きちんと素読みをしていたため，異変に気がつき，時間配分や戦略を考えました。

　正直ほぼ解けるところがない計算問題だったので，勇気を持って大幅に捨てました（計算は50点中13点）。そのかわり，理論に時間をかけてガッチリ取り，合格できました。

　受験仲間に聞くと，合格を勝ち取った人はやはり「計算を大幅に捨て，理論に時間を使って」いました。試験会場で「捨てる」というのはとても勇気のいる行為です。さらに言えば完全に捨てるのではなくて部分点を拾いつつもできないものはすっぱりと諦めるという冷静な取捨選択が非常に重要です。その能力を鍛えるためには，やはり普段の答練から素読みの練習をするほかないのです。

07 計算スピードアップのコツ

●電卓　●ロス時間短縮法

簿記論はとにかく時間がタイトなので，スピード
アップが必要です。だからといって電卓を早く叩く
練習をしても，誤差の範囲です。考え込むロス時間
を減らす，これがポイントです。

とにかく時間がない！

　簿記論は，税理士試験の中でもとにかく時間がなく，スピードアップが
ものを言う科目です。

　スピードアップが必須なのですが，どうすればよいか悩むところです。

　「電卓の早さ」であったり「書く早さ」であったりを鍛えることを想像
する方もいるかもしれませんが，人間，差がつくほど早くなりません。

　私もなんとかスピードを上げたいと思い，電卓を早く叩いたり，ブライ
ンドタッチだったりの練習をしたこともあります。しかし，スピードを上
げるほど打ち間違いも増えました。正直，電卓を叩くスピードには限界が
あります。

　ちなみに，「どの電卓を使っていますか？」「おすすめの電卓は？」とい
う質問をよく受けます。私は TAC の受付に売っている SHARP の電卓を
使っていました。今も使っていますし，とても良いものだと思います。大
原だと CASIO の電卓だそうですが，どちらにせよ使い方に慣れること，
使いこなすことが大事です。いろいろ変えていると，その電卓によって使
い勝手が違いますのでそれが１番良くなく，「浮気しない」心意気でいき

ましょう。

解法瞬発喚起力

「問題を解くスピードがなかなか上がらない」「自分が解くのが遅い」と悩まれている方は今一度，テストのときの様子を思い出して欲しいです。

自分はどこで時間をロスしているのか…考えてください。

確かに電卓を叩くことや書くことにも時間はかかりますが，これは必要な時間です。今かかってるけど，なくせる時間といったら…**考え込んでしまう時間**ではないでしょうか。その論点について**理解が不足**しているから，手が止まり，考え込んでしまい，結果として時間をロスしてしまっているのです。

考え込む時間をなくすには解法を瞬発的に思い出せる力をつけることが大切です。**ある論点を見たときに解答の導き出し方が自分の頭の中ではっきり浮ぶようにしていく**ことです。

では，この力はどうすれば身につくのでしょうか。やはり**問題演習をやり込んでいくこと**しかありません。簿記は問題演習の量によって実力がつきます。その点，頭の善し悪しとは関係ない，努力を裏切らない試験なのです。

この解法瞬発喚起力がつけば，簿記の合格のために必要な能力である取捨選択力もついていきます。問題を解いていて，解答の導き出し方が瞬時に出てこないものはいったん捨てるという判断ができるようになるからです。

実は，簿記が得意な人は電卓を叩く回数が少ないです。それは，正確な問題分析と下書きの作成で，無駄がないからです。いかに電卓を叩く回数を減らすか，日々の勉強で意識するとよいでしょう。

08 簿・財は同時攻略すべき

● 2科目で1.5科目　● キーワードで書く

私は7カ月の勉強期間で財務諸表論一発合格しました！　勝因は，計算でガッツリ得点したことと，苦手な理論はキーワードを意識して勉強したことです。

7カ月で財表合格をなし得たワケ

　私は，7カ月の勉強期間で財務諸表論に一発合格できました。ここでは，その勝因についてお話しします。

　財表は理論50点，計算50点という配点ですが，戦略が命だと思います。まずは，計算で8割以上（50点中40点以上）を取ることです。財表の計算は，簿記論と比較して難問が出ることは少なく，対策しやすいのです。

　簿記論と財務諸表論は出題範囲が重複しているので，一緒に勉強。簿記論をしっかりと勉強しているだけでもそれなりに点数は取れます。それにプラスして財表固有論点をたまに見返してあげれば8割はなんとか目指せます。

　2科目を1.5科目分の労力で合格できるイメージです。たしかに，どちらの科目もボリュームがあるので正直最初はかなり大変です。

　でも，最初のしんどいインプット時期を乗り越えれば，理解が圧倒的に進んできて，合格に近づいた実感を持てる日がきます。財務諸表の理論については，計算と表裏一体です。理論がいまいち理解できなくても，計算ができるようになることで，「あ，そういうことだったのか！」と腑に落

076

ちるときがあります。

理論は丸暗記ではなく理解が大事

　税法科目には，理論マスターをかなり高い精度で覚えないといけないような科目もありますが財表理論は違います。財表理論で大事なのは理解です。

　財表固有のキーワードを使って作文するということができれば合格できます。会計基準と一語一句違わずに書く必要はありません。なので，理論を勉強するときには，**キーワードを意識しながら，理解重視で勉強**するのがよいでしょう。

　ちなみに，私は予備校のスタッフをしていたこともありました。そのときは，実力テストや答練を模範解答に従って採点していました。

　大量の答案を見る際には，頭から採点するというよりも，キーワードを軸に，記述の確認をしていくことになります。

　当然内容が全く違っていたらキーワードが入っていてもダメですが，①しっかりと**内容を理解**した上で，②**キーワードを使って解答**してあれば，「この人はよく理解しているな」という印象を持ちます。

税理士試験自体は受けたことはありませんが，計算重視，理論は暗記より理解という点は共感します。キーワードが入っていて，筋が通っていることを書けば，採点者もバツをつけられません。

第4章

受験勉強の
ひみつ道具
探してみた

01 付箋・インデックスは使いよう

● 天気予報のできる理系税理士おすすめ

私はわからない所に貼って，解決したら外してポイと消去法的に使っていました。
気象予報士・税理士・不動産鑑定士に合格した井上先生は全く逆の使い方です。

質問したいわからない所に貼る

　私は，授業が終わったあとの復習時や授業中，先生の話を聞いていてよくわからない所があったとき，**目印**としてわからない理由を付箋に書いて貼っていました。そうすることによって先生に質問に行くときにスムーズに質問することができました。わからない箇所が解決したらその付箋ははずしてゴミ箱にポイ，という**消去法的使い方**です。付箋がテキストから無くなるというのは，わからないところが無くなるということなので達成感もありました！

　また，これも消去法的使い方なのですが，51ページで紹介した朝イチタスク管理法では，具体的にはタスクを付箋に書いていました。これも，全部タスクが完了したあとゴミ箱ポイでき，「今日も1日が終わった〜」という達成感，満足感が味わえるメリットがありました。

井上幹康先生おすすめの付箋・インデックス活用法

　天気予報のできる理系税理士，井上幹康先生は，理論暗記をする際に付

箋とインデックスを活用していたそうです。先生は，気象予報士資格を持つ異色の経歴ですが，今年なんと不動産鑑定士にも合格されたそうです。「会計人コース」等に寄稿されるほか，ブログも人気の研究肌の方です。

　具体的には，授業を受けて復習を重ねていく中で自分が理解できるようになったときに理論マスターや理論サブノートに付箋，インデックスを貼っていったそうで，これだと学習の進度が目に見えて，モチベーションが上がるな，と思いました。

　理論マスターがインデックスや付箋まみれであれば，それは勉強が順調に進んでいる証拠ですし，逆に綺麗だと勉強が進んでいないということを示しています。

　また，税理士試験のような難関で長期戦の試験だと，途中で自信がなくなってしまうことは誰しもあると思います。特に本試験直前は多くの受験生が「本当に受かるのか」と不安な気持ちでいっぱいです。そんなときの心の支えになってくれるのは「今までの自分の努力」ですが，つらくなったとき，本試験直前で不安になったとき，自分はこれだけやってきたんだというのが見えるので自信につながった，とのことです。

井上先生からいただいたテキストの画像。ここまで使い込んだ感はスゴイですね！

私は大きな付箋にニガテ箇所をまとめ，家の壁など目に
つく所に貼っていました。その付箋を，試験直前には
ルーズリーフに貼り直して弱点ノートにしていました！

02 合格者多数が支持する青インク

●無印最強　●万年筆

私のYouTubeで好評だった筆記具ネタ。沢山書くので，皆さんこだわりがありますね。
筆記具本体は手の大きさなどによって好みがありますが，合格者には青インク派が多いです。

大量に書く税理士試験だから！？　筆記具ネタは鉄板

私のYouTubeの動画の中で意外にも反響があったのが筆記具に関するもの。書く分量が半端ない税理士試験だから，興味がある受験生が多いんですね。

私も，税理士試験の中で最も書く分量が多い事業税を受験したので，筆記具にはかなりこだわりました。賛否両論あるかもしれませんが，オススメを紹介します。

合格者に多い青インク派

税理士試験で使用できるペンの色は黒インクかまたは青インクです。どちらでもいいと思われるかもしれませんが，**圧倒的に青インクがオススメ**です！　なぜなら，基本的に問題文は黒印字されていますが，問題文を読んでいく中で，解答にあたって注意しないといけないところに気をつけるという意味で線を引いたり，囲んだりするときに，青インクだと目立つからです。同様に青インク派の合格者は多く，集まりでも盛り上がりました。

サラサラ書ける筆記具を選ぼう

　先ほど述べた事業税は，2時間ひたすら手を動かし続ける，まさにスポーツ。時間内に書き切ることが物理的に不可能な位の量で，手を止めたら致命傷です。とにかく一瞬たりとて手を止めないようにひたすら書き続けるという過酷さです。

　事業税ほどではないにしろ，他の科目もそれなりに分量があるので**サラサラすばやく書ける**ことは重要です。私が使ってきた中だと無印良品のペン（さらさら描けるゲルインキボールペンノック式（青））が90円と安価で入手もしやすいので良かったです。

　税理士試験の場合，普段の理論暗記を書きながら暗記する方もいるかと思います。腱鞘炎になってしまったら大変なので「手に負担なく書くことができる」ペンはマストです。

万年筆も試してみる価値あり！

　また，手に負担がかかりにくい筆記具として**万年筆**があります。鉛筆やボールペンに比べ，筆圧が弱く済むことに気がつき，最終的には私は万年筆を使いました。

　万年筆というとちょっと高価なイメージを持たれる方もいるかも知れませんが，私が愛用していたPILOTだと3千円程で購入できます。インキも1箱12個入りで300円台だったのでそこまで高くなく，ただし圧倒的書きやすさ（そしてちょっとしたかっこよさ…）が手に入るので良い投資だったと思います。

愛用の
万年筆

青色はそもそも**集中力が増すという効果**があるそうで，私も普段の勉強は青色インクを使うようにしていました。

ちなみに，私のブログの勉強グッズで反響が大きかったのは「**卓上譜面台**」です。これは，ずっと下を向いて本を読んでいると肩が凝ってしまうという方にはとてもオススメです。

肩がラク

テキスト

←譜面台

03 ついに解禁，修正テープ

● YouTuber 会計士「りょん＠1本指ピアノ」おすすめ

> さて税理士試験では導入がされたばかりの修正テープですが，会計士試験では以前から使用されていました。会計士試験合格者で YouTuber の「りょん＠1本指ピアノ」さんに修正テープについて聞いてみました！

修正テープ，ついに解禁！

　令和元年の本試験から税理士試験でも修正テープの使用が解禁になりました。私が受験していた頃は，修正にあたっては二重線で消して解答用紙の枠内に書かないといけなかったため，事前に書き直しのことを頭に入れ，あらかじめ文字は小さく書いたりしたものです。

　また同時に解答用紙も A4 に変わりました。これらの変更の意図としては採点者の採点のしやすさを考慮しての変更なのかなと予想します（本当のところはわからないのであくまで予想ですが）。

　従前の二重線での修正だと，余白に解答をしていかないといけないため「見やすさ」という観点だと作成者も余白にちまちま書かないと大変だし，採点者もかなり採点しにくかったのではないかと思います。また A3 の解答用紙も本試験会場で解くには大きすぎるし，採点者も何千枚の答案を採点するにはスペースを取ってしまうのではないかと思います。そういう意味ではとてもいいことだと思います。

修正テープのセンパイ，会計士のりょんさんに聞いてみた！

　さて税理士試験では導入がされたばかりの修正テープですが，会計士試験では以前から使用されていましたので，修正テープのセンパイとして聞いてみました。りょんさんが会計士受験生のときに愛用していた修正テープはプラス修正テープ　ホワイパースライド本体6mm幅×12m イエローだそうです。

ポイントは，しっかり貼りついて剥がれにくいことだそうです。また，先端部分に小さなローラーが付いているので，軽く滑らかにテープを引くことができるので，曲がったりせずまっすぐに引くことができるのがいいそうです。

　本試験で使う予定の文房具は慣らしていくために普段の勉強から同じものを使うようにするのが良いので，詰め替えタイプはマストですね。大量に使うのでコスパは必要です。

　とはいえ，コスパだけではなく，修正テープの上に文字を書いたときに削れてしまわないかもチェックしましょう。

付箋・ペン・修正テープなどの文房具は受験生のマストアイテム。イチロー選手がグローブなどの道具にこだわるように，ここはこだわって選びましょう。

04 予備校のロッカー問題

● 東大出身合格者のロッカー不要論　● 計画と持ち物はリンク

予備校のロッカーは借りていれば，毎日の重い荷物から解放されてラクになりそうです。でも，私は東大出身合格者からロッカー不要説を聞いて使いませんでした。結果的にコスパよしです。

ロッカーは借りるべきか？

　資格予備校には有料でロッカーの貸し出しを行ってくれる校舎が多いですが，それを借りるべきか否か，迷う受験生は多いのではないでしょうか。

　私も，大学時代，大学の教科書にプラスして簿記論，財務諸表論，法人税を受講していたため，毎日の荷物がかなり重くてロッカーを借りようか悩みました。しかし，東大出身の合格者の友人に「予備校のロッカーは絶対借りるべきでない」とアドバイスされました。理由は，教材をロッカーを借りずに持ち歩ける量にすることで，毎日の勉強のタスク管理が自動的にできるからとのことでした。優秀な人が言うんだからそうなのかな……ととりあえず従って借りずに頑張ってみることにしました。

荷物の管理と勉強計画はリンクする

　たしかに，勉強計画を1日単位まで落とし込んで実践する際に，毎晩「明日はどこまで進めるか」を意識して荷物をセレクトすることで，タス

クが明確化できます。

　また，これだけ重い思いをして教材を持ってきたのだからとタスク消化率も高まりますし，タスクを終えて帰るときにはキモチも軽くなります。荷物をセレクトするというたった1，2分の行動で，勉強の優先順位が自動的につき，さらにはやる気も上げられるので，ロッカーは借りなくて良いと思います。

　費用も浮くので，いいことずくめかな，と思います。

私はこの点については逆で，必ず予備校の有料ロッカーを借りていました。ちなみに，有料自習室も利用していましたが，有料自習室でもロッカーは借りていました。常にすべての教材を置いておき，必要な物を取り出して勉強し，必要な物だけを持ち帰り，電車や家で勉強しました。これによって，体力の消耗が防げたと思います。ロッカーを利用するかどうかは，家と自習室，どこをメインに勉強するかというスタンスによるでしょう。
ちなみに，有料自習室は自分に合った場所が見つかれば，無駄な席取り合戦をしなくて済むのでオススメです。

05 自習室のモンスター問題
● 耳栓　● 存在を消す方法

自習室でモンスターに近くに座られる率が残念なが
ら私は高い気がします……。自習室だったら逃げら
れますが，模試や本番では逃げられません。

自習室でいかに快適に勉強するか

　税理士試験の受験生にとって，予備校の自習室は朝早くから遅くまで，
1日の大半を過ごす大事な場所です。自習室以外の自宅やカフェで勉強す
る方もいるかもしれませんが，ついつい誘惑に負けてだれてしまいがちで
す。周囲も真剣に勉強している予備校の自習室というのは気が引き締まる
場所ではあります。

　ただ，予備校の自習室にはたまにモンスターが出没します。電卓が壊れ
るのでは…というほど大きな音で電卓を叩いたり，本当に読んでるの？
何してるの？　と思うくらいに大きな音でテキストをめくったり，独り言
を言っていたり，やたらうるさいため息をついていたりもします。

　もちろん，こういう人は基本的に無視して，自習室であれば席を替え
る，耳栓をする，それでもダメな場合（自習室全体に迷惑をかけているよ
うなモンスターの場合）は受付など運営側に助けを求める，などすればよ
いでしょう。モンスター相手にイライラするのは時間の無駄です。

　しかし，1年に1回の本試験の時に隣にいたら……ということを考える
と慣れておいてもいいのかもしれません。

他人に影響されないためには

　幸い，私は本試験では違いましたが，模試などで隣の席にモンスターが座ることは多々ありました。電卓さばきや筆圧，貧乏揺すりで地震かと思うほど机が揺れ続けたりすると，当然ムッとしてしまいますが，「絶対にこの状況に負けない！」という気持ちで試験に臨むようにしました。

　大概そういったモンスターの成績はイマイチです。永遠に合格できない哀れ者なんだ，と思いつつ，その状況を忘れるくらい，心頭滅却すれば，の意気で集中力を保つ練習をしました。

　また，モンスターに負けないようにするためには，自習室でも，本試験でも，模試でも，早めに入って先に集中しているのがベストです。空気がまだザワザワしないうちに入り，自分自身が落ち着いて，深呼吸やストレッチをして集中していれば，後からモンスターが隣に座ったとしてもあまり気にせず，影響を受けずに済みます。

　逆に，ザワザワしている中に後れて教室や会場に入り，席の隣に汗びっしょりの人が座っていたら「うわ，大丈夫かな……」と集中力を削がれかねません。「自分が静寂の空気を作る」くらいの気持ちでいると，たとえモンスターが隣に座っても威圧できるような気がします！

これは受験生あるあるです。私はカフェで勉強する際，あえてうるさいおばさまの会合の隣で「答練を解く」という訓練をしました。集中力を養えたと思います。

06 筋トレは１害あって100利！
● 勉強も体が資本　● ながら自重トレーニング

肩はガチガチ，ストレスで吐き気……受験生時代，特に専念の時は体調不良に悩みました。最近筋トレをするようになり，もっと早くやれば良かった！と感じています。

筋トレは勉強効果を高めてくれる

　筋トレのような運動と勉強は一見すると相反するもののように思われるかも知れません。しかし筋トレは勉強効果を高めることもできるんです！

　そもそも私がなぜ筋トレを始めたかと言うと，ミーハーですがメンタリストのDaiGo氏など，好きな人がこぞって筋トレをすすめているから。カラダは健康になり，メンタルの調子も上がる，仕事への集中力も高まると，いいことずくめらしいのです！

　実際，私は大学３年時に法人税を受験，合格しましたが，実はその頃から体調不良でした。もともとかなりの健康児で病気もしたことがなかったにもかかわらず，ストレスのせいなのかTACの授業前は吐き気が止まらず，体重も10kgほど増加しました。結局試験は気合いで合格しましたが，試験合格後もだるさ，吐き気などに悩んでいました。

　筋トレを始めて，効果は確かに感じてきています。まさに，筋トレは**１害あって100利あり**。１害は時間が少し取られるというところですが，それで100利を得れるのは大きいし，さすがに毎日10分，20分の時間を作り出せない人はいないはずです。

勉強と筋トレの関係

　まず，体を動かしながら学習すると，覚えやすくなります。スタンディングワーク（108ページ）然りです。

　また，勉強後の運動は，ストレス解消になります。これは間違いありません。日頃運動不足な方は「筋トレなんてしたくない…」と抵抗があるかもしれませんが，騙されたと思って，2週間だけチャレンジしてみていただければと思います。筋トレがストレス解消にもなり，毎日の楽しみにもなってくるはずです。

　そして，身体のトラブル予防ができます。筋トレをすることによって筋肉質の強い身体を手に入れば，腰痛や肩こりが減るのです。

ジムは必要なし

　「筋トレ」というとジムのマシンを使ってやるイメージを持っている人もいるかも知れません。しかし受験生が始めるなら，**自重トレーニングで十分**です。自重トレーニングというのはその名の通り自分の体重を使って負荷をかけるトレーニングで，これなら器具もいらず手軽ですね！

　ここまで筋トレの効果についてお話ししましたが，勉強と相性が良いのは**あくまで適度な筋トレ**です。強度の筋トレは勉強の集中力が落ちますし何より疲れてしまいますのでご注意ください。

　私が受験生のときは筋トレの万能性に気づかず，合格はできたものの体調を大きく崩してしまいました。これを読んでいる皆さんは是非体調も維持しつつ合格をつかんで欲しいです。

運動はストレス発散，健康増進，脳の活性化につながります。私は筋トレはしませんでしたが，1日1時間は散歩をしながら暗記カードを音読していました。

第5章

税法の勉強法
まとめてみた

毎年，試験が終わると「○○法は受かりやすい」などの怪情報が出回ります。でも，税法科目だけは将来自分がなりたい税理士像に合わせて選択するべきです！

税法科目は前向きに選ぶ

　税法科目を何にするかは多くの受験生が悩むポイントだと思います。

　私も受験生のときは，毎年すごく悩み，予備校の先生や先輩に相談をたくさんしました。そのなかで，気がついたポイントをお教えします。

　結論を言えば，**自分がなりたい将来の税理士像に合わせるのがベスト**です。たとえば相続に強い税理士になりたいのであれば相続税はマストですし，個人をメインに仕事をしていきたいのならば所得税に詳しいほうがいいです。

　あと，**興味が持てそうな科目**というのもポイントです。理論マスターや過去問を見ると，何となく面白そうに思えるものと，そうでないものがきっとあるはずです。その直感に従うのは間違いではないと思います。

　逆に，友達やネットの情報を鵜呑みにすることは危険です。「この科目受かりやすかった」「この科目は楽」といっても，人によって簡単さ，受かりやすさは全然違います。また，試験科目の難易度も年によって違うので，第三者の情報を信じ切るのはよくないです。

　たとえば，事業税は何年も合格できずに苦しんでいる人がいて，選ぼう

としたとき「やめたほうがいいよ」と言われました。けれど，なんとなく楽しそうという直感を信じて勉強をスタートすると，結構面白く勉強でき，すんなり合格できました。逆に，ラクだという人や一発合格した人が多い消費税は，私は苦手意識があり苦戦しました。

合格してからのことと選択科目

　私は法人税，消費税，事業税を選択しました。

　まず法人税は，実務で頻出するので，選択して良かったと思います。知らないと勉強しながら実務をこなさなければならず，大変です。特に，大手税理士法人，準大手税理士法人で勤務する場合には，必須だと思います。

　また，消費税も実務で当然必要ですし，経理などに就職したとしても，課非区分など知識は必要です。

　事業税については，「地方税法」全体の考え方を習得することができるメリットがあります。また，手続規定に強くなります。大手税理士法人に勤務する場合は実務でも求められます。ボリュームが比較的少ないので，仕事との両立がしやすい科目でもあります。

司法試験や会計士試験にも選択科目があり，その選び方に皆悩みます。のんさんが言うような，自分のキャリアや興味に従う視点のほかにも，「教材の多さ」という視点で選ぶ方法も私はオススメしています。
受験者数が多い科目は，教材が充実しており，予備校持て厚くフォローしてくれるので試験対策がしやすいのです。

02 理論の理解は計算が助けてくれる

● とりあえず計算から　● カリスマ講師の助言

税法科目の理論って読んでもちんぷんかんぷんです。何度読んでもワカラナイ，ってカリスマ講師に相談したところ，「計算をやり込め」とアドバイスされました。

税法理論と計算は表裏一体

　税法科目ではしばしば言われることですが，**理論と計算は表裏一体**です。両者を別物として勉強する人もいますが，理論は計算の勉強のサポートをしてくれ，計算の勉強も理論を支えることまたしかりです。

　私が特にこれを実感したのは法人税を勉強していたときです。法人税の理論は難しく，何度読んでも理解できない条文がいくつかありました。そんなとき私を救ってくれたのが，法人税の担当講師の「理論の理解は計算が助けてくれるから，とにかく計算をどんどんやり込もう！」というアドバイスです。人気のカリスマ講師でした。

　このアドバイスに従い，とにかく計算を徹底的にやりました。そうすると，理論もだんだん理解できるようになってきました。おかげで，当時の試験傾向が，理論は理論重視で条文のベタ書きがほぼ出なかったこともあり，無事合格できました。

　もちろん，これは，76ページで簿記論と財務諸表論の同時学習をすすめたのと同じことです。

098

計算と理論の関係にかかわらず，よく理解できないことはとりあえず体で覚えるというのは勉強の王道です。最初は丸暗記でも，理解が進むにつれて，腑に落ちてくるということはよくあります。

こらむ

働く場所によって求められる知識は違う

　私は大手税理士法人，日系大手企業経理，個人会計事務所で働いてきました。

　配属によるものもありますが，私は，大手税理士法人では，法人税，消費税，地方税（法人事業税，法人住民税，償却資産税，事業所税）の申告書作成業務，各種届出書の作成業務，申告書添付資料（決算書等）のレビューなどをしました。BIG4など大手は基本的に法人のクライアントを持つことが多いです。なので，勉強した科目がそのまま役立ちました。

　次に勤務した経理では，大手企業だったので経理全般を任されることはなく，その経理の一部，税金と有価証券を担当しました。税金業務はスポット的で，有価証券関係がメインでした。大手企業ほど，業務が細分化されるようですが，経理内部でジョブローテーションが組まれ，幅広い業務を経験できることもあります。

　個人会計事務所のときは，法人のクライアントをメインに法人税，消費税の申告書作成や決算書類の作成やそのための日々の記帳代行をしていました。

　受験生時代に法人のクライアントを相手に仕事をしたいと考えていたので，選択科目は正しかったと思います。自分が将来どんな業務をしたいのか？　なりたい像によって科目選択をするのがオススメの方法です。

03 出題者の意図を考える

● 解答作成テクニック

> 予備校に通っているのであれば，試験委員対策は不要です。ただ，解答を作成する際には実務家の試験委員のキモチになって考えてみると，ヒントになることがあります。

予備校に通っていれば試験委員対策は不要ですが……

　毎年 3 月頃，税理士試験の試験委員が公表されます。計算科目は実務家と大学の先生，税法科目であれば実務家と国税庁職員が担当します。

　試験委員には当然，得意分野や専門分野があり，それが本試験に反映されることも考えられますから，その分析は不可欠です。

　予備校に通っているのであれば，予備校では試験委員対策を徹底的にした上で授業がなされ，答練が作成されます。なので，受験生は**何も意識しなくても予備校にお任せすればよい**でしょう。そのために高いお金を払っているのです。

　試験委員の過去の著作や研究を自分で調べるのは素人にとってはとても大変です。情報を金で買う，そういう気持ちで予備校に払うお金はケチるべきではないと思います。

理論の書き方 3 箇条

　ただ，試験委員が何を求めているのかを読み取り，それに沿って解答を

作成することは不可欠です。

　問題文が長かったりすると，情報がいろいろと入ってきてしまい結局何を聞かれているのかが読み取りにくいことがあります。しかし，そのときは根本的なことに気がつかなければなりません。

　試験委員が試したいのは，**受験生の税理士としての素質**です。実際に税理士になりクライアントから同様の質問を受けた際，全く違う論点を展開したり，間違った結論を言ったり，的外れなことを答えたりしたら，アウトです。クライアントの信頼を得られません。

　なので，税理士としての素質を試験委員に見せつけるためにも，出題の意図をしっかり考えます。

　考えるコツは次の3つです。

【理論の書き方3箇条】
① 　まず**何を聞いているのか**，問いの内容を明確にし，印をつけたり線を引く。
② 　解答用紙の面積や全体の問題における**記述のボリューム感**を考慮する。
③ 　解答作成の際には，「**結論→条文ベタ→条文に事実関係の当てはめ→再度結論**」の順で答案を作成する（解答用紙の面積によっては条文ベタや最後の結論は省略）。

　解答作成にあたって**最重要なのは結論**です。ここが抜けていたら，途中までの事実関係や条文が合っていたとしても，大幅に減点される可能性が高いです。まずは結論から書くことがいいと思います。

試験委員対策は予備校に任せるというのは大賛成です。私自身，試験委員の名前を知らずに，会計士試験も司法試験も合格しました。結局は，**実務家として必要なキホンの知識がしっかり定着しているか**ということが大事なのです。余力があるなら別ですが，キホンを疎かにしたまま試験委員対策をしても意味がありません。

04 ボイスレコーダー法

● 理論暗記のレジェンド！　　● 今はスマホ　　● 腱鞘炎防止

本当は手で書きたい，でも腱鞘炎寸前になりがちな
税理士受験生が昔から行っている方法です。昔はカ
セットテープとかだったみたいですが，今はスマホ
があるので手軽だし，見た目も普通です。

書くのが一番ですが，疲れる

　税理士試験の勉強を進めていく中で，多くの方…というかほぼ全員がぶ
つかる壁が理論暗記です。

　勉強されている方であれば，実感としてお持ちだと思いますが，税理士
試験の理論は覚えることが山ほどあります。科目によってはほぼ条文通り
に覚えないといけない科目もあり，これは大変です。

　正直私は税理士試験の勉強をするまでは，記憶力は人より良い自信が
あったのですが，そんな自信はすぐに崩れ去りました。私は全力で頑張っ
ているのに全然覚えられず…でもって「みんなもこんなの無理でしょ」と
思いテストを受けると周りの人はちゃんと理論を書けてるんです。正直そ
の事実が信じられなくて，最初の頃は「カンニングしてるんでは？」と
思ったほどです（笑）。

　暗記の方法としては，「書く，読む，聞く」を積み重ねるしかありませ
ん。実体験からして書くのが最も効果が高いのですが，時間がかかります
し，疲れます。反対に聞くのはラクですが，効果としては他の2つには劣
ります。

とはいえ，寝る前や移動中などのスキマ時間を使えるので，やったほうがいいと思います。

スマホのボイスレコーダーを使う

私がやったのは，スマホに搭載されているボイスレコーダーに覚えたい理論を自分の声で吹き込み，それを寝る前や移動中に聞く方法です。

この方法は，移動中，音楽を聴いているような姿で暗記できるので外見的に恥ずかしくありません。事務所の大先輩に聞くと，税理士受験生の多くは腱鞘炎寸前になるため，この方法は昔からの伝統芸のようなものだそうです。昔はカセットテープに吹き込んで，ウォークマンを使っていたそうですが……。「テープが何本にもなった」そうです。その意味では，スマホ世代はラクです。

メリットはスキマ時間が活用できること

まず，ベッドに入ってから寝るまでの時間の有効活用できます。しかも，嘘のように思われるかもしれませんが，理論を聴いていると眠くなり，不眠症が治りました。寝る前5分の勉強は，記憶に残りやすいとも言われますから，いいのかな，と思います。睡眠学習効果も期待できるかもしれません。

また，ザワザワした場所にいるときは，ボイスレコーダーの再生に合わせてブツブツ発声していました。そうすれば，何も見ない状態でも理論がソラで言えるか，確認することができました。駅から家までの移動時間が5分でも，往復10分，1週間だと70分と結構差がつきます（試験が近くなると，周りの人から気持ち悪がられるリスクを恐れなくなり，理論マスターを手にブツブツ音読して歩くこともありました）。

ただ，1点。車や他の歩行者に気をつけましょう。

05 風呂で条文音読

●弁護士・会計士ブロガー jiji もおすすめ　●ジップロック法

> 声を出して読むと，目も耳もフル稼働するので暗記
> にとても良いです。近所迷惑にならない程度に大き
> な声を出せば結構ストレス解消にもなります。

入浴しながら条文を音読する

　条文の音読を1時間ほどお風呂に入りながらしていました。これはお風呂好きの方にはオススメです。

　1日机の前に座って勉強を頑張っていると，肩はガチガチ，腰も痛くなりがちです。そんなときは，好きな香りの入浴剤を入れてお風呂で勉強すると，一石二鳥です。

　お風呂に入ることによって体が温まり汗もかいて気分転換になりますし，しかも蒸気がたくさんあるので長時間音読をしても喉が痛くなりません。

　このお風呂で勉強する方法は，jiji さんもすすめています。jiji さんは，条文をリスニングしたり，防水の紙に暗記したいことを書いて壁に貼り付けたり，ジップロックに本や iPad を入れたり，工夫したそうです。大事な理論マスターですから，お下がりとか，古いもの，コピーを使ってもいいですね。

104

私は長風呂ではありませんが，その10分〜15分が惜しくていろいろ試しました。お風呂でも工夫次第で勉強できます。ただ，あくまでお風呂はリラックスの場だと決めて勉強しないというのもありだと思います。

こらむ

アルコール勉強法！？

　私は体質的にあまりお酒を飲めないのですが，知り合いが教えてくれた勉強法として「呑んでも暗記」をご紹介します。

　受験生は禁酒がマストと思われるかもしれませんが，税理士試験自体は長丁場。なので，うまくストレスを発散することも必要です。

　聞いた話で恐縮ですが，「適切な方法」で呑めば，暗記しやすくなるとか。適切な方法，とは……勉強した後に呑む，それだけ。呑んでからの記憶はないけど，呑む前のことをいつもよりやたら覚えてるって経験ありませんか？

　実はコレ，記憶の定着を簡単に説明すると，短期記憶に入ったあとに，その一部の記憶が長期記憶に移動するそうなんですが，お酒を飲むと，その前の記憶が，短期記憶を飛ばしていきなり長期記憶に入るとかなんとか。

　うんまあ，信じるか信じないかはあなた次第ってとこですね。

　さておき，受験生ですから，飲む量は適切に。ストレスはうまく発散しましょう，ということですね。

06 小学生にもわかるようにエア授業

● 弁護士・会計士ブロガー jiji もおすすめ

> 税法の理論を，かみ砕いて説明してみると，自分の
> 理解の程度がわかります。かみ砕くって，ちゃんと
> 理解していないとできないんです。その意味でも予
> 備校講師はやはり神です。

理解したつもりになっていないか

　税理士試験のテキストは難しい言葉の羅列です。予備校の授業を聞く
と，先生がとてもわかりやすく説明してくれるので，わかった気になりま
す。

　でも，それを再現できるでしょうか。理解した「つもり」で済まさない
ためにオススメなのがエア授業法です。

　税法理論を，自分の中で咀嚼して小学生でもわかるような簡単な言葉で
話せるかどうか試します。こうやってアウトプットしてみることで理解で
きていないことに気付けるかもしれません。予備校の先生のようにかみ砕
いて説明することがいかに難しいかがわかります。

　もし勉強に付き合ってくれる小学生のお子さんや姪や甥っ子なんかがい
たら協力してもらうのが良いと思いますが（笑），そういうわけにもいき
ません。なので，エアでいいかと思います。

外ではできない勉強法だけど…

　「勉強しようと思ってもなかなかスイッチが入りません。どうすればいいですか」ときかれることがあります。私も家だと，なかなか勉強がはかどらなかったです。なので，予備校やカフェで勉強するようにしてました。特に予備校だと，周りの目が気になって「あいつ勉強してないな…」と思われるのが嫌で怠けにくいです。受験生は結構周りを気にしている人も多く，ライバル意識もあります。私も受験生時代にネット掲示板で「めっちゃ授業ちゃんと受けてる」など書き込まれていたくらいです（外見から意外だったのでしょうか…）。周りの受験生に監視されている気持ちでスイッチを入れてみてもいいかもしれません。

　逆に，家では外でできない勉強法，他人から見られたら恥ずかしいけれども効果的な勉強法，つまりこのエア授業などをするとよいと思います。場所によって勉強法を変えることも飽きが来ないのでオススメです。

セルフレクチャー法は勉強法としてとても効果的です。本質を理解していないと，他人にわかりやすく説明することはできないので，**実は結構難しい**です。

小学生でなくても（笑）できるだけ内容を知らない人にレクチャーするといいです。ちなみに，私はディズニーランドでデートする際に，恋人（今の妻）にレクチャーしました。名付けて「**ディズ勉**」で，この勉強法は非常に反響がありました。いかにその内容に無関係な人に興味を持ってもらえるか，退屈させないように説明できるか，そこがポイントです。

07 立って理論暗記

● 精神科医ゆうきゆう氏おすすめ　● 東大の先輩も

最近，スタンディングワークとか，バランスボールを取り入れているオフィスってありますよね！　勉強だっていろんな体勢をとれば，長くできるんです！

ずっと座っているには限界があるから……

　これはその名の通り，立ちながら勉強をしたり，部屋でぐるぐる歩き回ったりしながら暗記をする方法です。

　合格するためには圧倒的な理論暗記量が必要です。が，机の前にずっと座って**同じ体勢でいることには限界**があります。

　そこで，スタンディングワークです。

　税理士法人勤務時代，夜になると立ちながら仕事をする東大卒の優秀な先輩がいました。「なんでいつも立っているんですか」と聞いたところ「立つと視野が広がるので集中力が上がる」そう。これには私の受験生時代の経験から共感しました。

　長時間，理論マスターなどを見ていると世界が狭くなってしまい気持ちも落ち込んできてしまいます。気分転換に立ちながら勉強することによって視野が広がり解放感もあり，集中力も鋭くなり，いいことずくめです。私の大好きなメンタリストのDaiGo氏も，ステッパーで歩きながら本を読むそうで，運動しているときのほうが頭が冴える科学的根拠があると言っていました。

また，『マンガでわかる心療内科』シリーズ（少年画報社）の著者である東京大学医学部卒の精神科医，ゆうきゆう氏の事務所に遊びに友だちと行ったことがありますが，スタンディングワークのための家具がありました。聞いたところ，立ちながら仕事をするほうが集中力も高まるし，眠くならない，おまけにカラダのトレーニングにもなるとお話しされていました。

税理士試験も体力勝負

　「税理士試験の勉強を始めてから，体調を崩し気味で…」というコメントをもらったことがあります。私もそうだったので気持ちがよくわかります。私は，体の状態は無視して気合で突っ切ってしまいましたが，それは20代前半だったから何とかなったのかもしれません。

　勉強も正直言って体力勝負なところがあります。どうしても厳しいのであれば，週1回は休みの日を入れてリフレッシュするのもいいかもしれません。勉強の継続こそ合格の秘訣ですから，続けられるようにカラダと相談する必要があります。

　筋トレで，体力を作るのはとても良いことです。スタンディングワークなら，一石二鳥ですね。下半身の筋肉は大きいので，鍛えると効率がよいそうですよ。

自習室では立って勉強するのは難しいですが，運動しながらの勉強は脳の活性化につながるため記憶力も高まるそうです。

08 乗り鉄勉強法

●インフルエンサー税理士大河内薫氏おすすめ　●場所法

> 山手線ならくるくる回るので乗り鉄勉強法がおすすめです。ただ，海とか山とかまで行くような電車には気をつけてくださいね。集中しすぎて帰れなくなったら大変です。

　電車で暗記，というと「電車の中での理論暗記なんてもうすでにやってるよ」という受験生は多いと思います。通勤通学中の勉強はマストですが，そうではなくて，**あえて電車の中で暗記をする**という提唱です。

　例えば東京だと山手線という永遠にくるくる回り続ける路線があります。インフルエンサー税理士の大河内先生は受験生時代，よく山手線を一周しながら理論暗記をしていたそうです。これは私もしたことがあります。スタンディングワークも同じことですが，ずっと同じ場所であったり，同じ体勢であったりで理論暗記を続けるには限界があります。勉強場所を電車にしてみるというのはリフレッシュできて良い方法です。

　また，A→B→Cという事柄を覚えたいときに，それらを毎回場所と関連づける**場所法**という記憶術もあります。山手線であれば，隣駅まですぐですし，駒込→A，田端→B，西日暮里→C……というような方法で関連づけて理論暗記していくような活用法もできそうです。

　ただ，疲れていると，電車の揺れが心地よく眠気が出てしまうので注意です。ちなみに，jijiさんは1時間だけ眠りたいときにあえて山手線に乗り，強制的に起きる昼寝をしていたそうです。

第6章

受験生の質問
こたえてみた

01 1日をどう過ごしましたか？

●慣れれば普通　●楽しみは先送り

> 私は大学との両立→受験専念→仕事の両立と3つの
> スタイルを経験しました。どのスタイルでも自由時
> 間なし，が基本でした。

大学との両立

　大学の授業がある日は，とてもハードでした。なので極力試験前は授業を入れないようにしました。また，大学の専攻は税理士試験とは関係ないジャンルだったので，それはそれでリフレッシュになりました。

🕐 ある1日のスケジュール（1日の勉強時間：約13.5時間）

7時	起床・準備・家を出る（朝は家だとダラダラしてしまうので，極力家で過ごす時間をなくしすぐ外出）
7時半	カフェで勉強（インプット中心）
9時半	予備校到着・勉強開始（アウトプット中心）
14時	予備校を出て大学に向かう（移動中にランチ）
16時	大学の授業を履修
17時	予備校に到着・勉強開始（計算問題のトレーニングなど）
21時半	予備校撤収・夕食
22時半	帰宅・理論暗記
25時	風呂で理論暗記

112

| 25時半 | 就寝 |

受験専念時代

　勉強時間がたくさん取れる半面，ダラダラ勉強してしまうリスクがあるので，メリハリを付けるためカフェや公園など気分転換も兼ねて場所を変えて勉強しました。また，19時位になると疲れてくるのと，社会人の方が増えて教室が窮屈になるので，早めに撤収し，場所を変えて勉強しました。

🕐 **ある1日のスケジュール（1日の勉強時間：約17時間）**

7時	起床・準備・家を出る
7時半	カフェで勉強（理論暗記やテキストを読む）
9時半	予備校到着・勉強開始（実力テストや答練の解き直し）
14時	ランチタイム（食べている間のみ動画視聴。これだけで至福）
14時半	勉強再開（トレーニングの解き直しなど）
19時	予備校撤収・カフェ勉に切り替え（インプットや復習中心）
22時半	帰宅・音読などで理論暗記
25時	風呂で理論暗記
25時半	就寝

仕事との両立

　働きながら勉強する場合は，定時ダッシュできたら良いですが，毎日はできません。なので，どれだけ始業前に勉強時間を確保できるかがポイントになります。出社前にカフェ勉もいいですが，私はとにかく勉強時間が惜しかったので，会社で勉強していました。

⏰ ある1日のスケジュール（1日の勉強時間：約10時間）	
7時	起床・準備・家を出る
8時	会社到着・始業まで勉強（理論暗記などインプット中心）
9時半	仕事開始
12時	ランチタイムは食べながら勉強
18時	定時ダッシュして予備校へ
18時半	自習開始（過去の答練の復習などアウトプット中心）
22時半	帰宅・理論暗記
25時半	風呂で理論暗記
26時	就寝

楽しみは合格後にとっておく

　よく，「受験生時代，何を楽しみに生きてたんですか？」と聞かれることがありますが，楽しみなど特に必要ありませんでした。基本的に自由時間がない生活でしたが，慣れればあまりつらくなくなりますし，それが普通になってきます。

　強いて言えば，「税理士になること」をすごく楽しみにしていました。当時は「短期合格すること」を目標に生活していたので，目標達成のため，あえてそれ以外の選択肢をなくし，猪突猛進していました。

　そのくらい人生をかけて勉強していました。そういった気持ちで臨んでいたからこそ短期合格できたんだと思います。

私の場合，受験に専念していた司法試験時代は1日約17時間ほど勉強していました。「やりすぎ」と思われるかもしれませんが，「24時間－睡眠時間＝勉強時間」と考えてひたすら勉強したのは今となっては良い思い出です。

02 1年間をどう過ごした？

● 常にカウントダウン

試験が終わったら，次の年どうするか考えなければなりません。その意味で，自己採点はするべきだと思います。また，直前期まで絶対にあきらめない姿勢が大事です。

年内は勉強スタイルの確立に努める

　税理士試験の初学者であれば，年内は自分の勉強スタイルを確立し，予備校のテスト（ミニテスト，実力テスト）で満点をとることを目指して日々コツコツ勉強するべき時期です。この時期に頑張らないと，あっという間に直前期になりますので注意しましょう。

　厳しいことを言うようですが，毎回テストで良い点数ではなく**満点をとる**のが目標です。妥協せず徹底的に勉強すべき時期です。

受験経験者は新しい科目にトライしよう

　受験経験者の場合は，新しい科目に進むか，もう1度同じ科目をやるか悩ましい時期です。私は新しい科目にチャレンジすべきだと思います。なぜなら，同じ科目だと，よっぽどできなかったとしても「もしかしたら受かってるかも」という淡い期待が心の底にあって身が入らないからです。また，万が一落ちていても新しい科目でやった勉強は無駄にはなりません。

第6章　受験生の質問こたえてみた　**115**

私が1年目簿財を受けたとき，自己採点で簿記論はボーダーを下回っていたため9月から簿記論の年内復習コースと法人税の初学者向けコース（年内完結上級コース）を受講しました。しかし実際は法人税の勉強を回すことで精一杯で簿記論の授業にはほとんど出席することができませんでした。

　税理士試験の各科目は1科目ずつが相当重いです。初学の科目であればなおさら複数科目を回すのは大変です。まして結果待ちの状態となると，どんなに本試験で残念な出来だったとしても「もしかして受かっているかも」となかなか身が入りません。なので，年内は新しい科目にチャレンジすることを強くオススメします。

　新しい科目を勉強することは，次年度以降の税理士試験の勉強においても税理士として実務をするにおいても，全く無駄になることはないのでオススメです。また，私の経験上も一度本試験で戦えるレベルまで勉強すると4カ月くらいその科目は全くノータッチの状態であっても勉強を再開すれば意外にすぐ感覚を取り戻せるものです。

本試験の自己採点はするべき

　本試験が終わったあとは短期で合格する戦略を立てるために自己採点をすべきです。「終わったことなのでどうしようもない」「自己採点しなくてもできたかどうかはわかる」「予備校の模範解答や予想配点の精度がわからない」など，したくないキモチもわかりますが，合格発表までの4カ月をモヤモヤ過ごすのはよくありません。

　戦略を立てるのに，本試験の結果がある程度読めたほうが絶対に良いのです。私は1年目の簿財を受験した年，財表はボーダー +25点で合格確実ライン，簿記はボーダー▲3点という結果でした。この結果から簿記は厳しいかもしれないけど財表はほぼ確実に合格してるという予想が立てられたので，税法の中でもボリュームの多い，法人税を9月から勉強するという決断をすることができました。

これがもし財表も微妙な結果だったとしたら，学習2年目といえ簿財は
そこそこボリュームが多いので簿財とも並行して勉強できるような税法科
目，例えば消費税や事業税，住民税あたりを検討したかもしれません。

　ちなみに，「自己採点しなくてもできたかどうかはわかる」というのは
危険です。なぜなら，自分のできた感覚と実際の結果は結構異なるので
す。私も，簿記論2年目の年は非常に試験が難しく，ほぼできた感覚がな
く落ち込みましたが，ボーダーが低く合格確実ラインでした。逆に，消費
税初年度はできた感覚がありましたが，自己採点をするとボーダーを切っ
ていました。これはショックでしたが，受かった気になっていて12月の結
果発表でダメだったよりは，9月からの戦略を立てることができたので結
果として良かったと思いました。

　最後に。予備校の模範解答と予想配点はやはりプロというか，毎年結構
正確でした。この精度はさすがで，とても感謝しています。

年明けから GW 前まで

　年明け以降から直前期（GW 前まで）については，まだ焦る時期でもな
いかとは思いますが，カウントダウンは始まっています。気を抜かず淡々
とベストを尽くして勉強します。

　年内にインプットを終わらせて，直前期はアウトプットを進めます。1
つでも多くの論点を押さえていきます。毎回の答練をめどに勉強をし，少
しでも良い点数をとれるよう，成績上位者に食い込めるよう頑張ります。
初学者で受験経験者メインの上級コースを受講している場合は，ベテラン
が多くいるので上位に食い込むのは至難の業です。しかし，諦めず，毎回
ベストを尽くしましょう。

直前期は最後まで諦めない

　GW 明け以降本試験までの本当のカウントダウン期です。キモチが焦っ

てきますが，絶対諦めてはダメです。

　この時期になると受験生から「今の成績では無理そうだから来年の試験を目指して勉強したほうが良いのではないか」，「授業をあまり受けられておらず，今のペースでは本試験に間に合いそうにないから諦めたほうが良いのではないか」といった悲観的なメッセージをよくもらいます。キモチはわかりますが，今年の試験を諦めることは，税理士試験の合格を諦めるも同じことなのです。

　今から来年の試験に備えたいキモチになることはわかりますが，この時期にギリギリまで頑張れないのであれば，また来年も同じことを繰り返すのです。

　そもそも，直前期に良い成績を取れている受験者は極めて少数です。試験が近づくにつれ答練を提出しない人は増えていきます。税理士試験の本試験の合格率は各科目10％前後ですが，直前期の答練は上位30％が合格安全圏と言われています。この時期になっても諦めず毎回授業に出席し答練を出している人は合格可能性がある人なのです。

　直前期の成績が散々でも合格した人は沢山います。

本試験１週間前〜前日の過ごし方

　本試験の１週間前は，自分の苦手論点を淡々と潰す，理論であれば１つでも多く覚えます。

　前日だけは予備日として空けておき，前々日までにやれるだけのことをやっておくのをオススメします。何があるかわからないからです。

　私も，初年度の前日は不安で一杯で何も手につかずでしたし，２年目はなぜかギックリ腰になりました。３年目以降も毎年緊張であたふたしていました。１年間頑張ってきたのですから，前日の過ごし方次第で合否がひっくり返るものでもありません。とにかく，落ち着くことに注力しましょう。

本試験当日の過ごし方

　本試験当日は受験票も大事ですが,「自分はこれだけやったのだから絶対に受かる」という自信を持って会場に向かってください。

　私も毎年, 絶対受かるという気持ちで向かいました。本試験会場ではキョロキョロしていると周りに圧倒されてしまうのでシャットダウンしてキモチが落ち着く見慣れた間違いノートや使い込んだ理論マスターしか見ないようにしていました。

　そして本試験のときは「これは答練」と思って臨みました。よく言われる話ですが, 答練のときは毎回本試験のつもりで, 本試験のときはいつもの答練どおりに解くようにしていました。

8月本試験後～授業開校まで

　本試験終了から9月の授業開校までは1カ月間が空きます。この期間は勉強のことを忘れて思いっきり遊ぶのが私は良いと思います。私は旅行が好きなので, この時期は旅行に行ったりしました。

合格発表までの期間で新しい科目にトライするか悩むのは, 税理士試験特有のことですね。
1年間をどう過ごすかを考える際には, 試験当日何するか→前日何するか→1週間前何するか→1カ月前何するか→3カ月前何するか……と逆算するのが鉄則です。

03 苦労して税理士になって良かった？

● 20代前半　● 税理士はモテる？

「受験勉強がつらいんです」「そんな苦労してなっても仕方ない」等々ネガティブなメッセージが来ることもあります。私自身は，20代前半を費やしたことを一切後悔していません！

貴重な20代前半を費やした税理士試験

「受験勉強がつまらなすぎてつらい」というメッセージには，たしかにその通りかな，と思います。わからなかったことがわかるようになるから知的興奮があって面白い，なんて言えるようになるのは勉強が進んでからのことです。インプット初期段階であれば，それはキレイゴトにしか思えません。

普通の学生や社会人と比べると，自由時間が一切無い，つまらない生活のようにも見えるかもしれません。私も，大学時代はキラキラしたキャンパスライフを謳歌する友人達を横目に勉強しながら，その落差に悩みました。社会人であっても，飲み会とか，合コンとか，楽しいイベントをすべて断らなければならず，つらいかもしれません。

他人と比較しない，自分は自分と割り切る，それが大事です。物理的にもできるだけ予備校にいる時間を長くすれば，同志と出会えます。

勉強ばかりの生活も，慣れてさえしまえば，ちょっとしたことで楽しみを見出せるようになります。トイレ休憩や合間の散歩や買い物が至福の時間で次第に「つらい」「つまらない」というキモチも薄らいできました。

120

苦労して税理士になって良かったか

　結局私は，20代前半のいわゆるキラキラした貴重な時期を税理士試験に費やしましたが，全く後悔していません。「若い頃の苦労は買ってでもしろ」と言いますが，まさにその通りだと思います。苦労して税理士になったことが，私自身の自信にもつながっています。

　現実的なことを言えば，就職や転職においては非常に有利です。税理士法人や会計事務所はもちろん，どこの企業でも評価される資格なので，勤め先も希望に合わせて選べます。周りでは独立して税理士事務所を設立する方も多いですし，働き方も自由です。

　税理士になったことで，出会う人もかなり変わりました。端的に表現すると，人生を前向きに切り拓いていこうという向上心にあふれた人が多く，刺激を受けます。出会いに恵まれ，なんだか私も「どうせ私なんて……」という感じだったのが，随分変わったと思います。

　最後に。「税理士はモテる？」とよく聞かれるので，それについても書きたいのですが，「ズバリ，モテる」です。女性について言えば，職場に男性が多いですし，税理士同士での結婚も多いです。男性について言えば，素敵で美人な奥さまをゲットされる先輩をたくさん見ています。

　職業的にも「手に職あり」と手堅く見えますし，苦労をくぐり抜けて合格を勝ち取って，自信に満ちあふれていますから，やはり魅力的に見えるのだと思います。

税理士に限らず，難易度の高い国家資格は人生を楽しむ「武器」です。資格自体がちょっと珍しい名刺代わりになるので，のんさんのようにYouTubeにトライするなど，選択肢が広がります。モテる，モテない，については何も言えませんが（笑），合格して後悔したという話は聞いたことがありません。

AI で税理士は不要になる？

● AI を知る　● 淘汰されない価値

> AI で士業が不要になるって騒がれています。その
> せいか，私にも「どうせ不要になるのに，なんで税
> 理士になったの？」というコメントが寄せられるこ
> とも。いえいえ，ちゃんと AI を知りましょう！

AI は脅威？

受験生から「税理士は AI によって不要になるんですか？　じゃあ，なっても意味ないですよね」とコメントが来ることがあります。

そもそも，AI は私たちの敵ではありません。少子高齢化が進む日本で，AI や自動化なしでは，経済規模が縮小するばかりです。

とはいえ，最近の技術進歩は著しいですよね。数年前まではガラケーだったのが今やスマホ。会計事務所の実務においても，実際いろいろ自動化され，便利になっています。「AI に税理士の仕事がとられるはずがない」と悠長に断言できません。

AI が代替できる業務はある

たしかに，代替される税理士業務はあるのです。

AI の分野で第一人者である東京大学大学院教授の松尾　豊氏の『人工知能は人間を超えるか―ディープラーニングの先にあるもの』（角川 EPUB 選書）を読んだところ，人工知能の進化には 6 つの段階があるそうです。

第1段階	画像認識（画像認識の精度向上）→画像による診断／広告
第2段階	マルチモーダルな認識（行動予測・異常検知）→防犯・監視／セキュリティ／マーケティング
第3段階	ロボティクス（環境変化にロバストな自律的行動）→自動運転／物流・建設／農業の自動化／製造の効率化
第4段階	インタラクション（文脈に合わせて「優しく触る」「持ち上げる」技術）→介護・調理・掃除
第5段階	シンボルグラウンディング（言語理解）→翻訳／海外向けEC
第6段階	知識獲得（大規模知識理解）→教育／秘書／ホワイトカラー支援

　税理士業務に関係するところだけを考えると，今は第1段階かな，と思います。2017年頃から領収書をスマホやタブレットで撮影することによって金額，取引先などが自動でデータ化されるような経費精算アプリが続々とリリースされています。

　そう考えると，記帳代行や税務申告までは近い未来に代替されるのでは，と思います。とはいえ，AIが第5段階，第6段階になって税務相談をできるようになるまでにはまだまだ時間がかかるのでは？　と思います。たとえ技術として確立したとしても，それが税務分野に浸透し，普及するまでには時間がかかりそうです。画像認識の経費精算アプリですら，まだ手入力したほうが楽と思う人も多いような段階です。

AIに代替されない税理士になる

　まだ先の未来の話とはいえ，税理士としてAIに代替されないような価値をつけておきたいものです。

　そのためには，AIについて知っておくのはもちろんですが，税の最新情報に常にキャッチアップし，それがクライアントに対してどのような影響を持つのかなどを考え，説明できるようになれるといいな，と思います。

税は難しいですから，正しい情報を検索することはできても，その内容をかみ砕いて説明することは，AIにはできないような気がします。こういう世の中だからこそ人間のコミュ力が付加価値になるのでは……？　と思います。

　今から士業を目指すことに躊躇を感じるかもしれませんが，受験時から合格後の明確な目標，ビジョンを持っていれば，そう簡単には代替されないはずです。

　おそらくこれからの世の中は今まで以上に時代の移り変わりが速くなっていくと思います。どんな仕事を目指すにしても，周りとの差別化や明確なビジョンを持つことは重要になりそうです。

　そして税理士試験は今までの人生を変えることができるチャンス。起業するよりもよっぽどリスクは低いです。AIを理由にしてチャレンジしないのは，もったいないことかな，と思います。

弁護士や会計士もAI問題はよく議論されているところです。税理士の場合，確かに記帳代行や申告書作成はある程度自動化されるかもしれません。しかし，税理士の最も重要な業務は「経営者の悩みに寄り添い，会計的視点で解決方法を考える」ことだと思います。税務から始まるこれらの業務はAIに変わることができないものだと私は考えています。

【著者略歴】

吉岡　のん（よしおか　のん）

税理士有資格者。
大学卒業後，大手税理士法人やリクルートに勤務。
伊豆大島の観光大使や YouTube チャンネルの運営など幅広く活動している。

【監修者略歴】

平木　太生（ひらき　たいき）

弁護士・公認会計士。湊総合法律事務所勤務。
2007年（大学3年次）に公認会計士試験に合格し，卒業後は大手監査法人で監査実務を経験。2012年8月に弁護士を目指すことを決意し，同年12月に監査法人を退社し受験に専念。2014年司法試験予備試験合格，2016年司法試験合格。現在は弁護士業務を中心にしつつ，勉強方法を受験生に伝える活動をしている。著書に，本書の姉妹書である『司法試験・予備試験　この勉強法がすごい！』がある（中央経済社　2019年1月）。

税理士試験
この勉強法がすごい！

2020年3月15日　第1版第1刷発行

著　者　吉　岡　の　ん
監修者　平　木　太　生
発行者　山　本　　　継
発行所　㈱中央経済社
発売元　㈱中央経済グループ
　　　　パ ブ リ ッ シ ン グ

〒101-0051　東京都千代田区神田神保町1-31-2
電　話　03（3293）3371（編集代表）
　　　　03（3293）3381（営業代表）
http://www.chuokeizai.co.jp/
印　刷／文唱堂印刷㈱
製　本／㈲井上製本所

© 2020
Printed in Japan

日商簿記検定試験用テキストの決定版

最近の出題傾向に基づいた解説内容を2～3色刷りで
見やすくレイアウトした最新の簿記学習書

新検定 新出題区分対応版
簿記講義

◆1級～3級／科目別全7巻◆

簿記検定試験受験者のために，新たな構想に基づいて編集・執筆した
新シリーズ。各級・各科目の試験に要求される知識を新出題区分表に
準拠して体系的に整理した科目別全7巻構成。わかりやすい解説とと
もに基本問題の解き方を例示し，あわせて実際の出題レベルで練習問
題を豊富に織り込む。例解方式でもっともわかりやすい日商簿記検定
受験用テキスト。

- -

1級 会 計 学　渡部裕亘・片山　覚・北村敬子［編著］
　　　 商業簿記　渡部裕亘・片山　覚・北村敬子［編著］
　　　 原価計算　岡本　清・廣本敏郎［編著］
　　　 工業簿記　岡本　清・廣本敏郎［編著］

2級 商業簿記　渡部裕亘・片山　覚・北村敬子［編著］
　　　 工業簿記　岡本　清・廣本敏郎［編著］

3級 商業簿記　渡部裕亘・片山　覚・北村敬子［編著］

中央経済社